Proyecto de la OCDE y del G-20 sobre la Erosión de la Base Imponible y el Traslado de Beneficios

Hacer más efectivos los mecanismos de resolución de controversias, Acción 14 – Informe final 2015

Por favor, cite esta publicación de la siguiente manera:
OCDE (2016), *Hacer más efectivos los mecanismos de resolución de controversias, Acción 14 – Informe final 2015*, Proyecto de la OCDE y del G-20 sobre la Erosión de la Base Imponible y el Traslado de Beneficios, Éditions OCDE, Paris.
http://dx.doi.org/10.1787/9789264258266-es

ISBN 978-92-64-25825-9 (impresa)
ISBN 978-92-64-25826-6 (PDF)

Serie: Proyecto de la OCDE y del G-20 sobre la Erosión de la Base Imponible y el Traslado de Beneficios
ISSN 2415-6094 (impresa)
ISSN 2415-6108 (en linea)

Fotografías: Portada © ninog – Fotolia.com

Las erratas de las publicaciones de la OCDE se encuentran en línea en: *www.oecd.org/about/publishing/corrigenda.htm*.

Prefacio

Los problemas de fiscalidad internacional nunca habían ocupado un lugar tan prioritario en las agendas políticas como hoy en día. La integración de las economías y los mercados nacionales se ha intensificado de manera sustancial en los últimos años colocando, así, contra las cuerdas al sistema fiscal internacional, diseñado hace más de un siglo. Las normas actuales han dejado al descubierto una serie de puntos débiles que generan oportunidades para la erosión de las bases imponibles y el traslado de beneficios (BEPS, por sus siglas en inglés), lo que exige decisiones drásticas y determinación por parte de los responsables políticos con miras a restablecer la confianza en el sistema tributario internacional y asegurarse de que los beneficios tributen allí donde se desarrollen efectivamente las actividades económicas y se genere valor.

En septiembre de 2013, a raíz de la publicación del informe titulado *Lucha contra la erosión de la base imponible y el traslado de beneficios* en febrero de 2013, los países de la OCDE y del G-20 avalaron y adoptaron un Plan de Acción conformado por 15 líneas de actuación o «acciones» para dar respuesta a los problemas BEPS. Dicho Plan de acción y las 15 medidas que lo conforman giran en torno a tres *pilares* fundamentales: dotar de coherencia a las normas de Derecho interno que afectan a las actividades transfronterizas; reforzar el *criterio de actividad sustancial* contemplado por las normas internacionales en vigor y, por último, mejorar la transparencia y la seguridad jurídica.

Desde entonces, todos los países de la OCDE y del G-20 han trabajado de manera conjunta y en condiciones de igualdad, habiendo igualmente manifestado su postura y aportado sus puntos de vista la Comisión Europea a lo largo de todo el proceso atinente al Proyecto BEPS. Los países en desarrollo han participado extensa y activamente a través de diversos y diferentes mecanismos, incluida la participación directa en el Comité de Asuntos Fiscales (CAF). Adicionalmente, organismos fiscales regionales como el Foro Africano de Administración Tributaria (ATAF, por sus siglas en inglés), el Centro de Encuentros y Estudios de Dirigentes de Administraciones Fiscales (CREDAF, por sus siglas en francés) y el Centro Interamericano de Administraciones Tributarias (CIAT) se unieron a organizaciones internacionales tales como el Fondo Monetario Internacional (FMI), el Banco Mundial o Naciones Unidas (ONU) para contribuir a la labor desarrollada. Fruto de la consulta minuciosa a las partes interesadas, el Proyecto BEPS recibió en total más de 1.400 páginas de comentarios procedentes de organizaciones sectoriales y asociaciones empresariales, asesores, organizaciones no gubernamentales (ONG), docentes y otros representantes del sector académico, al igual que también se celebraron 14 consultas públicas retransmitidas en directo a través de la web, junto con la difusión de sesiones en forma de *webcasts,* a través de las cuales la Secretaría de la OCDE informaba periódicamente a los seguidores y respondía a preguntas.

La compleción de los informes correspondientes a las 15 medidas del *Plan de acción BEPS* ha requerido dos años de trabajo. Todos los resultados plasmados en los distintos informes, incluidos los apuntados en los informes provisionales presentados en 2014, han adquirido carácter definitivo y se han unificado dando lugar a un paquete de medidas integral. El Paquete de medidas BEPS representa la primera renovación sustancial de las normas y estándares fiscales internacionales en casi un siglo. Una vez las nuevas medidas comiencen a aplicarse, se espera conseguir que los beneficios se declaren allí donde se desarrollen las actividades económicas que los generan y se crea valor. Todas aquellas estrategias de planificación fiscal con fines claramente elusivos cimentadas sobre normas obsoletas o sustentadas por medidas internas mal coordinadas quedarán sin efecto.

En consecuencia, la implementación resulta clave en esta fase. El paquete de medidas BEPS se diseñó precisamente para ser implementado mediante cambios en la legislación y prácticas nacionales y en aplicación de las disposiciones contempladas en los convenios fiscales, existiendo negociaciones actualmente en curso para desarrollar un instrumento multilateral que se prevé concluyan en 2016. Asimismo, los países de la OCDE y del G-20 han acordado seguir trabajando conjuntamente a fin de garantizar la implementación sistemática y coordinada de las recomendaciones en materia de BEPS. La globalización exige soluciones comunes, así como también es preciso entablar un diálogo a escala mundial que trascienda los países de la OCDE y del G-20. A tal fin, los países de la OCDE y del G-20 diseñarán y propondrán en 2016 un marco inclusivo de seguimiento, contando para ello con la participación de todos los países interesados en condiciones de igualdad.

A priori, una mejor comprensión acerca de la aplicación práctica de las recomendaciones en materia de BEPS podría disipar equívocos y dirimir controversias entre los distintos gobiernos, por lo que un mayor énfasis en temas como la implementación y administración tributaria debería resultar mutuamente beneficioso para administraciones públicas y empresas. Por último, las mejoras propuestas en materia de recopilación y análisis de datos permitirán llevar a cabo una evaluación permanente del impacto en términos cuantitativos no sólo del fenómeno BEPS, sino también de las medidas antielusivas desarrolladas en el marco del Proyecto BEPS.

Índice

Siglas y abreviaturas

APV	Acuerdo previo de valoración de precios de transferencia
BEPS	Erosión de la base imponible y el traslado de beneficios *(Base erosion and profit shifting)*
CAF	Comité de Asuntos Fiscales
OCDE	Organización para la cooperación y el desarrollo económicos
PA	Procedimiento amistoso
PPT	Propósitos principales

Resumen ejecutivo

Eliminar las oportunidades de que se produzcan el fraude transfronterizo y la elusión fiscal y prevenir de forma efectiva la doble imposición, son elementos decisivos para construir una normativa tributaria internacional que favorezca el crecimiento económico y fortalezca la economía mundial. Los países afirman que la adopción de las medidas desarrolladas para enfrentarse a la erosión de la base imponible y al traslado de beneficios atendiendo a las estrategias y recomendaciones del Plan de Acción BEPS, no debe generar una innecesaria inseguridad a los contribuyentes que cumplen sus obligaciones ni conducir a situaciones de doble imposición involuntaria. La mejora de los mecanismos de resolución de controversias es, por tanto, una parte fundamental del trabajo desarrollado para resolver los problemas relacionados con la erosión de la base imponible y el traslado de beneficios.

El artículo 25 del Modelo de Convenio de la OCDE (OCDE 2014) prevé un mecanismo, con independencia de las acciones y/o recursos legales previstos por el Derecho interno, mediante el que las autoridades competentes de los Estados contratantes pueden resolver las diferencias o superar obstáculos en lo c a la interpretación o aplicación del Convenio a partir de un enfoque consensuado. Este mecanismo —el procedimiento amistoso (PA)— desempeña un papel fundamental en la correcta aplicación e interpretación de los convenios fiscales, principalmente para garantizar que ninguno de los Estados contratantes someta a un gravamen no conforme con las disposiciones del convenio a los contribuyentes a quienes resultan aplicables las ventajas del mismo.

Las medidas desarrolladas en el marco de la Acción 14 del Plan de Acción BEPS están encaminadas a reforzar la eficacia y eficiencia del procedimiento amistoso. Dichas medidas están dirigidas a minimizar los riesgos de incertidumbre y doble imposición no deseada velando por la aplicación coherente y adecuada de los convenios fiscales, así como también por la oportuna y efectiva resolución de controversias por lo que respecta a su interpretación o aplicación a través del procedimiento amistoso. Estas medidas se apoyan en un sólido compromiso político con la resolución eficaz y oportuna de controversias a través de los procedimientos amistosos y a los ulteriores avances para responder con rapidez a las controversias que se planteen.

Mediante la adopción del presente informe, los países han aceptado un cambio de actitud frente a la solución de controversias, hecho que se plasma fundamentalmente en el desarrollo de un estándar mínimo en lo referente a la resolución de conflictos de interpretación o aplicación de los convenios, habiéndose comprometido a su rápida aplicación y habiendo acordado garantizar su efectiva implementación mediante la puesta en marcha de un sólido mecanismo de supervisión entre pares, cuyos resultados remitirá periódicamente el Comité de Asuntos Fiscales (CAF) al G-20. El estándar mínimo será el siguiente:

- asegurarse de que las obligaciones contraídas en virtud de los convenios sobre procedimientos amistosos se aplican plenamente y de buena fe, resolviendo con prontitud aquellos casos objeto de procedimientos amistosos;

- garantizar la implementación de procedimientos administrativos que fomenten la supresión y resolución oportuna de todo conflicto de interpretación o aplicación de los convenios, y
- asegurarse de que los contribuyentes tengan acceso a los procedimientos amistosos cuando reúnan las condiciones para ello

El estándar mínimo se complementa con una serie de buenas prácticas. El seguimiento de la aplicación de dicho estándar se llevará a cabo de conformidad con los criterios de referencia determinados y atendiendo al método de evaluación que se prevé desarrollar en el contexto del Proyecto BEPS de la OCDE/G-20 en 2016.

Aparte del compromiso de implementar el estándar mínimo asumido por todos los países adheridos a los resultados del Proyecto BEPS, los países que se citan a continuación han manifestado su compromiso de establecer en sus convenios fiscales bilaterales el arbitraje preceptivo y vinculante como procedimiento de resolución de controversias en cuanto mecanismo que garantiza la resolución de conflictos en la interpretación y/o aplicación de convenios en un plazo determinado: Australia, Austria, Bélgica, Canadá, Francia, Alemania, Irlanda, Italia, Japón, Luxemburgo, los Países Bajos, Nueva Zelanda, Noruega, Polonia, Eslovenia, España, Suecia, Suiza, el Reino Unido y los Estados Unidos.[1] Hecho que representa un gran paso adelante en la medida en que todos estos países juntos se vieron implicados en más del 90% de los casos pendientes de trámite a finales de 2013, según las estadísticas de la OCDE.[2]

Notas

1. La Declaración de los Líderes emitida tras la Cumbre del G7, celebrada los días 7 y 8 de junio de 2015 (disponible en: https://www.g7germany.de/Content/DE/_Anlagen/G8_G20/2015-06-08-g7-abschluss-eng.pdf?__blob=publicationFile) afirmaba lo siguiente en referencia al procedimiento de resolución de conflictos (procedimiento amistoso o arbitraje):

   Por otra parte, nos esforzaremos por mejorar las redes de información actualmente existentes y reforzar la colaboración internacional en materia tributaria, comprometiéndonos incluso a establecer procedimientos preceptivos y vinculantes de arbitraje a fin de garantizar que el riesgo hipotético de doble imposición no se convierte en una barrera al comercio transfronterizo o a la inversión extranjera. Apoyamos la labor realizada en relación con el arbitraje vinculante en el contexto del Proyecto BEPS y animamos a otros [países] a unirse a nosotros en esta importante empresa.

2. Véase www.oecd.org/ctp/dispute/map-statistics-2013.htm.

Introducción

1. A petición del G20, la OCDE publicó su *Plan de Acción contra la erosión de la base imponible y el traslado de beneficios* (el Plan de Acción BEPS, OCDE, 2013) en julio de 2013. El Plan de Acción BEPS incluye 15 acciones para luchar contra el fenómeno BEPS de manera integral y establece plazos para poner en práctica esas acciones.

2. El Plan de Acción BEPS señala que las medidas adoptadas para contrarrestar la erosión de la base imponible y el traslado de beneficios deben ser complementadas con acciones que ofrezcan certeza y previsibilidad para la actividad económica. El trabajo llevado a cabo en la Acción 14, cuyo objetivo es mejorar la eficacia de los procedimientos amistosos empleados en la resolución de controversias sobre convenios fiscales supone, por tanto, una parte integrante del trabajo desarrollado para resolver los problemas relacionados con la erosión de la base imponible y el traslado de beneficios, y refleja el enfoque amplio y holístico del Plan de Acción BEPS. Dicha parte del Plan de Acción señala lo siguiente:

> **Las medidas para contrarrestar la erosión de la base imponible y el traslado de beneficios deben ser complementadas con acciones que ofrezcan certeza y previsibilidad para la actividad económica.** El trabajo que se realice para mejorar la eficacia de los procedimientos amistosos será un complemento importante para resolver los problemas relacionados con la erosión de la base imponible y el traslado de beneficios. La interpretación y aplicación de nuevas normas fruto de ese trabajo podría generar cierta incertidumbre que debería reducirse todo lo que sea posible. Por lo tanto, trataremos de examinar y hacer frente a los obstáculos que impiden que los países resuelvan conflictos sobre convenios fiscales mediante el procedimiento amistoso. Asimismo, se tendrá en cuenta la necesidad de completar las disposiciones actuales sobre PA que existen en los convenios fiscales con cláusulas de arbitraje preceptivo y vinculante.

ACCIÓN 14

Hacer más efectivos los mecanismos de resolución de controversias

> *Desarrollar soluciones para luchar contra los obstáculos que impiden que los países resuelvan las controversias relacionadas con los convenios mediante los procedimientos amistosos, incluyendo la ausencia de disposiciones sobre arbitraje en la mayoría de convenios y el hecho de que el acceso a los procedimientos amistosos y el arbitraje pueda ser denegado en algunos casos.*

3. Este Informe es el resultado de los trabajos llevados a cabo en la Acción 14. El Informe refleja el compromiso de los países a implementar un estándar mínimo en la resolución de controversias, consistente en medidas concretas destinadas a eliminar los obstáculos a un procedimiento amistoso eficaz y eficiente. El Informe refleja, asimismo, el acuerdo de los países para establecer un mecanismo de seguimiento que garantice que los compromisos contenidos en el estándar mínimo se cumplen de forma efectiva. El estándar mínimo, las buenas prácticas complementarias y los cambios resultantes al Modelo de Convenio de la

OCDE se describen con detalle en las secciones I.A y I.B de este Informe. El marco para el desarrollo del mecanismo de supervisión entre pares se describe en la sección I.C de este Informe.

4. El estándar mínimo se compone de las medidas concretas que los países adoptarán para garantizar que la resolución de las controversias sobre convenios fiscales se lleva a cabo de una forma oportuna, eficiente y eficaz. A continuación se detallan los elementos que componen dicho estándar en relación con estos tres objetivos generales:

- los países deberían asegurarse de que las obligaciones contraídas en virtud de los convenios sobre procedimientos amistosos se aplican plenamente y de buena fe, resolviendo oportunamente aquellos casos objeto de procedimientos amistosos;
- los países deben garantizar que los procedimientos administrativos fomentan la supresión y resolución oportuna de todo conflicto de interpretación o aplicación de los convenios; y
- los países deben garantizar que los contribuyentes que cumplan los requisitos del apartado 1 del artículo 25 podrán acceder al procedimiento amistoso.

5. Las medidas concretas que forman parte del estándar mínimo se acompañan de explicaciones y, en algunos casos, de cambios al Modelo de Convenio Tributario de la OCDE (los cambios practicados en el texto actual del Modelo de Convenio Tributario de la OCDE aparecen en ***negrita y cursiva*** cuando se trata de texto añadido y ~~tachados~~ cuando se trata de texto eliminado). En la próxima actualización del Modelo de Convenio Tributario de la OCDE se incluirán otros cambios a los Comentarios del mismo (en adelante, los “Comentarios”) al objeto de recoger las conclusiones de este Informe.

6. Los elementos del estándar mínimo (que en este Informe aparecen enmarcados en recuadros) se han redactado para reflejar criterios claros y objetivos que son susceptibles de ser revisados y valorados durante el proceso de seguimiento. Tal y como se indica en la sección I.C, entre los trabajos que en el futuro se llevarán a cabo para desarrollar el mecanismo de seguimiento se incluyen la elaboración de *(i)* los Criterios de Referencia que los pares utilizarán para evaluar la implantación del estándar mínimo, y *(ii)* el Método de Evaluación a emplear en dicho seguimiento.

7. Las conclusiones de los trabajos de la Acción 14 recogen también un consenso en cuanto a que ciertas respuestas a los obstáculos que impiden la resolución de controversias sobre convenios mediante el procedimiento amistoso deberían ser consideradas, más bien, como buenas prácticas, ya que, en general, al contrario de lo que sucede con los elementos del estándar mínimo, estas buenas prácticas tienen un carácter subjetivo o cualitativo que no resulta fácil de controlar ni evaluar, o por la razón de que no todos los países de la OCDE o del G20 están dispuestos a comprometerse con ellas en este momento. Por lo tanto, estas buenas prácticas no forman parte del estándar mínimo. Las buenas prácticas se acompañan de explicaciones y, en algunos casos, de cambios al Modelo de Convenio Tributario de la OCDE.

8. Finalmente, el acuerdo sobre el estándar mínimo que hará más efectivos los mecanismos de resolución de controversias se complementa con el compromiso de numerosos países de adoptar el arbitraje preceptivo y vinculante. A pesar de que no existe actualmente un consenso entre los países de la OCDE y del G20 en cuanto a la adopción del arbitraje preceptivo y vinculante como mecanismo para garantizar la resolución oportuna de los casos PA, un grupo significativo de ellos se ha comprometido a adoptarlo e implantarlo. El compromiso relativo al arbitraje PA se recoge en la sección II de este Informe.

I. Estándar mínimo, buenas prácticas y método de seguimiento

A. Elementos de un estándar mínimo que garanticen una resolución efectiva, eficaz y oportuna de las controversias sobre convenios fiscales

1. Los países deberían asegurarse de que las obligaciones sobre procedimientos amistosos contraídas en virtud de los convenios se aplican plenamente y de buena fe, resolviendo oportunamente aquellos casos objeto de procedimientos amistosos

9. El mecanismo de resolución de controversias previsto en el artículo 25 del Modelo de Convenio Tributario de la OCDE (Procedimiento Amistoso) supone una parte integrante y esencial de las obligaciones asumidas por un Estado contratante al suscribir un convenio, por lo que las disposiciones del artículo deben aplicarse de buena fe, de conformidad con sus propios términos y teniendo en cuenta el objeto y el propósito de los convenios fiscales. Los elementos del estándar mínimo descritos en la sección I.A.1 tienen como objetivo garantizar el pleno cumplimiento de las obligaciones asumidas en un convenio en relación con el procedimiento amistoso y la oportuna resolución de los casos PA.

1.1 Los países deberían incluir los apartados 1 a 3 del artículo 25 en sus convenios fiscales, tal y como se interpretan en los Comentarios y sujetas a las modificaciones de dichos apartados previstas en los elementos 3.1 y 3.3 del estándar mínimo; deberían proporcionar acceso al procedimiento amistoso en los casos de precios de transferencia y deberían implementar los acuerdos resultantes (mediante, por ejemplo, la realización de los ajustes oportunos en los impuestos exigidos).

10. Los apartados 1 a 3 del artículo 25 prevén un mecanismo, independiente de las acciones y/o recursos legales previstos por el derecho interno, mediante el que las autoridades competentes de los Estados contratantes pueden resolver las diferencias o superar obstáculos en lo concerniente a la interpretación o aplicación del Convenio a partir de un enfoque consensuado. Este mecanismo —el procedimiento amistoso— desempeña un papel fundamental en la correcta aplicación e interpretación del Convenio, principalmente para garantizar que ninguno de los Estados contratantes someta a un gravamen no conforme con las disposiciones del Convenio a los contribuyentes a quienes resultan aplicables las ventajas del mismo. Los países deberian, por lo tanto, incluir en todos sus convenios fiscales los apartados 1 a 3 del artículo 25, tal y como se interpretan en los Comentarios (en particular el apartado 55 de los Comentarios al artículo 25, que se refiere a la situación de los Estados cuya legislación nacional impide que el Convenio se complete en aquellos puntos no tratados expresamente en el mismo, o al menos de modo implícito) y con las modificaciones de dichos apartados previstas en los elementos 3.1 y 3.3 del estándar mínimo.

11. En general, la doble imposición económica que puede derivarse de la inclusión de los beneficios de empresas asociadas al amparo del apartado 1 del artículo 9 (Empresas Asociadas), no es conforme con el objeto y el propósito del Convenio de eliminar la doble

imposición. En concreto, el hecho de no dar acceso al procedimiento amistoso en los casos de ajustes en los precios de transferencia practicados por un Estado socio a fin de eliminar la doble imposición económica que podría derivarse de dicho ajuste, podría frustrar uno de los objetivos primordiales de los convenios fiscales. Así pues, los países deberían facilitar el acceso al PA en los casos de ajustes de precios de transferencia. En concreto, los países deberían proporcionar acceso al PA cuando disposiciones del convenio como el apartado 2 del artículo 9 o, en ausencia de ésta, las del derecho interno, permitan a los Estados contratantes realizar el ajuste correspondiente y las autoridades competentes de los Estados contratantes deban llevar a cabo consultas para determinar el importe del ajuste a fin de evitar la doble imposición. Los países deberían también aplicar los acuerdos alcanzados en éstos y en otros casos de PA.

12. Se contempla la posibilidad de que en la próxima actualización del Modelo de Convenio Tributario de la OCDE se incluyan cambios en los Comentarios al artículo 25, al objeto de clarificar la obligación de tratar de resolver de mutuo acuerdo los casos de imposición que no sean conformes con las disposiciones del Convenio.

1.2 Los países deberían proporcionar acceso al PA en los casos en los que exista un desacuerdo entre el contribuyente y la administración tributaria que realiza el ajuste sobre si se cumplen o no las condiciones para la aplicación de las disposiciones para prevenir el uso abusivo de los convenios, o sobre si la aplicación de las disposiciones anti-abuso del derecho interno entran o no en conflicto con las del convenio.

13. Tal y como dispone el apartado 26 de los Comentarios al artículo 25, en ausencia de una disposición específica, no hay una regla general que impida el acceso al PA cuando exista un posible abuso. A los efectos de examinar si existe la obligación de proporcionar acceso a un PA en caso de abuso, es necesario considerar también los apartados 9.1 a 9.5 de los Comentarios al artículo 1. El apartado 9.5 señala, en concreto, que pueden negarse los beneficios del convenio mediante la aplicación de una norma para evitar los abusos cuando obtener un trato más favorable por su aplicación fuera contrario al objeto y la finalidad del propio convenio. El principio rector recogido en el apartado 9.5 se incorporará a los convenios fiscales mediante la regla general anti abuso basada en el propósito principal de las transacciones u operaciones (la norma PPT, por sus siglas en inglés, o test del propósito principal), desarrollada en el marco de la Acción 6 del Plan de Acción BEPS. En virtud de esta norma, los beneficios de un convenio fiscal no deberían estar disponibles cuando uno de los principales objetivos de las transacciones o las operaciones sea el de aprovecharse de estos beneficios y ello resulte, en tales circunstancias, contrario al objeto y la finalidad del propio convenio. La interpretación y/o aplicación de esa regla queda claramente comprendida en el ámbito de aplicación del PA

14. A este respecto, es necesario destacar que la obligación de proporcionar acceso al procedimiento amistoso prevista en el apartado 1 del artículo 25 es distinta a la obligación de tratar de resolver el asunto recogida en el apartado 2 del mismo artículo, y distinta de la obligación de someter un asunto al arbitraje que pueda surgir en aquellos convenios que incluyan una cláusula de arbitraje. Las disposiciones del apartado 1 conceden al contribuyente implicado el derecho a presentar su caso ante la autoridad competente cuando considere que existe o puede existir una imposición que no está conforme con las disposiciones del Convenio. Para que pueda ser admitido, el caso presentado al amparo del apartado 1 debe plantearse dentro de los tres años siguientes a la primera notificación de la medida que implique una imposición no conforme a las disposiciones del Convenio.

Una vez que el caso que cumple los requisitos del apartado 1 ha sido aceptado, la autoridad competente ante la cual se presentó debe decidir si la reclamación del contribuyente parece fundada. Si este fuera el caso, la autoridad competente podría resolverlo de forma unilateral, como cuando, por ejemplo, la imposición contraria a las disposiciones del Convenio se deba, total o parcialmente, a una medida del Estado ante el cual el contribuyente haya presentado el caso PA. Solo cuando el caso PA aceptado cumpla los dos requisitos previstos por el apartado 2, pasará a la segunda fase (bilateral) del procedimiento amistoso. Estos dos requisitos son los previstos en el apartado 2 del artículo 25: *(i)* que la reclamación del contribuyente parezca fundada para la autoridad competente ante la cual se ha presentado; y *(ii)* que la autoridad competente no pueda, por sí misma, encontrar una solución unilateral satisfactoria. Finalmente, el arbitraje solo estará disponible si aparece previsto en el correspondiente convenio y las dos autoridades competentes fueran incapaces de resolverlo en la fase bilateral del procedimiento previsto en el apartado 2 del artículo 25.

15. En relación con el umbral para la aceptación de un caso PA (es decir, para el acceso a un procedimiento amistoso), cuando el contribuyente y la autoridad competente ante la que se haya presentado el caso PA discrepen sobre si se cumplen o no las condiciones de aplicación de las normas para prevenir el uso abusivo de los convenios (como, por ejemplo, empleando la norma PPT prevista en el convenio), o sobre si la aplicación de una normativa interna antiabuso contradice las disposiciones de un convenio, en tales situaciones, los contribuyentes deberían poder acceder al procedimiento amistoso siempre que cumplan los requisitos del apartado 1 del artículo 25. Si un país quisiera limitar o denegar el acceso al PA en todos o en algunos de estos casos, debería acordar expresamente estas limitaciones con sus socios con lo que tiene convenio, incluyendo el requisito de notificar dichos casos y los hechos y circunstancias del mismo a las autoridades competentes de los países socios.

16. El compromiso del estándar mínimo previsto en el apartado 1.2 se refiere solo al acceso al procedimiento amistoso, el cual, como se ha explicado en el apartado 14, es un compromiso distinto a la obligación de tratar de resolver el caso conforme a lo previsto en el párrafo 2 del artículo 25 y diferente también a cualquier otra obligación de someter el asunto a arbitraje que pudiera existir en virtud de algún convenio que contenga una cláusula de arbitraje, sea o no preceptivo. Este compromiso no debería interpretarse en el sentido de incluir el compromiso implícito de asumir estas otras obligaciones. Asimismo, los Estados cuyas prácticas actuales no son conformes con ese elemento del estándar mínimo se comprometen a asumir dicho compromiso en relación con las nuevas solicitudes de procedimiento amistoso.

17. Se contempla la posibilidad de que en la próxima actualización del Modelo de Convenio Tributario de la OCDE se incluyan cambios en los Comentarios al artículo 25, al objeto de clarificar las circunstancias en las cuales un Estado contratante puede denegar el acceso al procedimiento amistoso.

1.3 Los países deberían comprometerse a una resolución oportuna de los casos PA: los países se comprometen a tratar de resolver los casos PA en un plazo medio de 24 meses. Los avances de los países relacionados con el cumplimiento de este objetivo serán revisados periódicamente a través de las estadísticas elaboradas conforme al marco acordado de presentación de información mencionado en el elemento 1.5.

18. Aunque el tiempo empleado en resolver los casos PA puede variar en función de su complejidad, la mayoría de las autoridades competentes tratarán de alcanzar un acuerdo bilateral que resuelva el caso en el plazo de 24 meses. Los países deberían comprometerse,

por tanto, a tratar de resolver los casos PA en un plazo medio de 24 meses. Los avances de los países relacionados con el cumplimiento de este objetivo serán revisados periódicamente a través de las estadísticas elaboradas conforme al marco acordado de presentación de información mencionado a continuación en el elemento 1.5. Este marco para la presentación de información incluirá los hitos acordados para el inicio y la conclusión/cierre del caso PA, así como otras etapas importantes del proceso. Se contempla también que los trabajos destinados a desarrollar el marco de información establezcan objetivos de plazos para las diferentes etapas del proceso PA.

1.4 Los países deberían mejorar las relaciones entre sus autoridades competentes y trabajar conjuntamente para mejorar la efectividad del procedimiento amistoso participando en el Forum on Tax Administration MAP Forum (el Foro FTA MAP, por sus siglas en inglés, o el Foro sobre Administración Tributaria).

19. El Foro sobre Administración Tributaria es un organismo subsidiario del Comité de Asuntos Fiscales de la OCDE que reúne a los directores de las administraciones tributarias de 46 países[1] para desarrollar en pie de igualdad una respuesta global a los problemas de las administraciones tributarias de una forma colaborativa. El Foro MAP FTA es un foro de autoridades competentes de los países participantes en el FTA creado para deliberar sobre cuestiones generales que afectan a todos los participantes de los programas PA, y que ha desarrollado un plan estratégico multilateral[2] para mejorar de forma conjunta la efectividad del procedimiento amistoso con el objetivo de satisfacer las necesidades tanto de los gobiernos como de los contribuyentes y garantizar, de esta forma, el papel tan importante que juega el procedimiento amistoso en el entorno fiscal internacional. Teniendo en cuenta los objetivos del Foro MAP FTA y, especialmente, el papel que va a desempeñar en la supervisión de la implementación del estándar mínimo descrito en este Informe (véase el elemento 1.6 a continuación), los países deberían hacerse miembros del Foro MAP y participar activamente en sus trabajos.

1.5 Los países deberían proporcionar estadísticas sobre los procedimientos amistosos, de una forma oportuna y completa, conforme a lo previsto en el marco de información acordado que se desarrollará en coordinación con el Foro MAP FTA.

20. Desde el año 2006, la OCDE ha recopilado y publicado estadísticas sobre procedimientos amistosos en sus países miembros y en otras economías que no pertenecen a la OCDE que han accedido a proporcionar dichas estadísticas. Estas estadísticas aportan transparencia en relación con el desarrollo de los programas de PA en los países que las proporcionan y ofrecen una visión de conjunto sobre la situación general del PA en dichos países. Cabe esperar que las estadísticas sobre procedimientos amistosos recogidas en el marco de los trabajos desarrollados en la Acción 14, proporcionen una medida tangible que permita evaluar los efectos de la aplicación del estándar mínimo descrito en el presente Informe y sean un componente importante del mecanismo de supervisión recogido en la sección I.C. Los países deberían, por lo tanto, proporcionar estadísticas sobre los procedimientos amistosos, de una forma oportuna y completa, conforme a lo previsto en el marco de información pactado que se desarrollará en coordinación con el Foro MAP FTA. Como se ha señalado anteriormente, este marco para la presentación de información incluirá los hitos pactados para el inicio y la conclusión/cierre del caso PA, así como otras etapas importantes del proceso.

1.6 *Los países deberían comprometerse a que su cumplimiento del estándar mínimo fuera revisado por sus pares en el marco del Foro FTA MAP.*

21. Tal y como se ha indicado anteriormente en el elemento 1.4 del estándar mínimo, los países deberían participar en el Foro MAP FTA y tomar parte activa en sus trabajos. Los países deberían comprometerse además a que su cumplimiento del estándar mínimo pudiera ser revisado por sus pares (los demás miembros del Foro MAP FTA), mediante un mecanismo de supervisión mutuamente acordado que se desarrollará en coordinación con el Foro FTA MAP. En la sección I.C de este Informe se incluye el marco que describe las características generales del mecanismo de supervisión. Dicha supervisión resulta esencial para garantizar una implantación efectiva del estándar mínimo previsto en la sección I.A. de este Informe.

1.7 *Los países deberían ser transparentes sobre su postura en relación con el arbitraje en el procedimiento amistoso.*

22. El arbitraje preceptivo y vinculante en un PA ha sido incluido en numerosos convenios bilaterales desde que se incluyó en el apartado 5 del artículo 25 del Modelo de Convenio Tributario de la OCDE en el año 2008. En una nota al pie al apartado 5 se indica que el derecho interno, las políticas nacionales o cuestiones administrativas podrían justificar o impedir el empleo de este mecanismo de resolución de conflictos, señalando además que los Estados solo deberían incluir esta disposición en el Convenio cuando consideren que es conveniente hacerlo, en base a los factores descritos en el apartado 65 de los Comentarios al artículo 25. Conforme a lo señalado en esta nota al pie y en el apartado 65 de los Comentarios al artículo 25, resulta innecesario que los países introduzcan reservas (en el caso de los países miembros de la OCDE[3]) o posiciones (en el caso de las economías que no pertenecen a la OCDE[4]) respecto a esa disposición. No obstante, y como consecuencia de ello, existe una falta de transparencia sobre la postura de los países en relación con el arbitraje PA.

23. Al objeto de lograr una mayor transparencia respecto a la opinión de los países sobre el arbitraje PA, en la próxima actualización al Modelo de Convenio Tributario de la OCDE se eliminará la nota al pie del apartado 5 del artículo 25 y se modificará asimismo el apartado 65 de los Comentarios al artículo 25. Estos cambios se introducirán también al mismo tiempo que los cambios correspondientes en los Comentarios al artículo 25. Dichos cambios en los Comentarios al artículo 25 incluirán, en concreto, disposiciones alternativas adecuadas para aquellos países que prefieran limitar el alcance del arbitraje PA a un determinado grupo de casos de procedimiento amistoso definidos de antemano.

2. *Los países deberían garantizar que los procedimientos administrativos promueven la prevención y resolución oportuna de conflictos sobre convenios fiscales*

24. El empleo de prácticas y procedimientos administrativos adecuados resulta de una gran importancia para garantizar un entorno en el cual las autoridades competentes sean capaces de desarrollar su mandato de una forma plena y efectiva, adoptando una posición objetiva respecto a las disposiciones del convenio y aplicando dichas disposiciones de una forma justa y coherente en función de los hechos y las circunstancias concretas del caso de cada contribuyente. Los elementos del estándar mínimo recogidos en la sección I.A.2 tienen el objetivo de abordar diferentes obstáculos que impiden la resolución oportuna de las

controversias mediante el procedimiento amistoso y que están relacionados con la operativa interna de la administración tributaria y con las funciones de la autoridad competente, así como con la transparencia de los procesos para la utilización del procedimiento amistoso y en los enfoques empleados por las autoridades competentes para resolver proactivamente los posibles conflictos.

2.1	***Los países deberían publicar normas, directrices y procedimientos sobre el acceso y la utilización del procedimiento amistoso y tomar las medidas oportunas para que dicha información esté disponible para los contribuyentes. Los países deberían asegurarse de que sus directrices sobre el procedimiento amistoso sean claras y fácilmente accesibles para el público.***

25. Los países deberían elaborar y publicar normas, directrices y procedimientos sobre sus programas de procedimiento amistoso, que deberían incluir indicaciones para que los contribuyentes sepan cómo presentar sus solicitudes ante la autoridad competente. Dichas directrices deberían estar redactadas en un lenguaje claro y comprensible, y deberían ser de fácil acceso para el público (encontrándose disponibles, por ejemplo, en las páginas web de la administración tributaria y/o del ministerio de economía y finanzas). Dado que esta información puede ser de particular interés en los casos en los que un ajuste puede afectar a asuntos dentro del ámbito de aplicación de un convenio (por ejemplo, cuando se realiza un ajuste en los precios de transferencia de una operación vinculada con una empresa asociada en una jurisdicción sometida al convenio), los países deberían tomar las medidas oportunas para garantizar que las directrices publicadas sobre sus programas PA se encuentran disponibles para los contribuyentes que se hallen en tales situaciones.

2.2	***Los países deberían publicar sus perfiles PA en una plataforma de acceso público (siguiendo el modelo de una plantilla acordada que se elaborará en coordinación con el Foro MAP FTA).***

26. Al objeto de promover la transparencia y la difusión de las directrices publicadas sobre sus programas PA, los países deberían publicar sus perfiles PA en una plataforma de acceso público (como, por ejemplo, en una página web dedicada a ello). A estos efectos, se entenderá que el "perfil PA" del país es aquel documento que recoge la información de contacto de la autoridad competente, los enlaces a las directrices internas de procedimiento amistoso y otra información de utilidad sobre los procesos PA del país del que se trate. Se elaborará una plantilla que recoja el contenido que debe incluirse en el perfil PA en coordinación con el Foro MAP FTA. En la elaboración de esta plantilla se tendrá en cuenta la necesidad de una mayor transparencia en relación con la posición del país respecto a las buenas prácticas incluidas en este Informe.

2.3	***Los países deberían asegurarse de que las personas encargadas de los procedimientos amistosos disponen de la autoridad necesaria para resolver los casos PA conforme a los términos del correspondiente convenio y, en concreto, de que pueden hacerlo sin depender de la aprobación o de las instrucciones del personal de la administración tributaria que realice los ajustes en cuestión, y sin verse influenciadas por las consideraciones políticas que al país le gustaría ver reflejadas en las futuras modificaciones que se realicen al convenio.***

27. Las directrices y los procedimientos internos de los países relacionados con la gestión de sus programas PA deberían establecer de una forma clara, que las personas encargadas de los procedimientos amistosos disponen de la autoridad necesaria para resolver los casos PA conforme a los términos del correspondiente convenio, aplicando sus disposiciones de una forma justa y coherente con los hechos y las circunstancias concretas del caso de cada contribuyente y con el objetivo de eliminar la imposición que no sea conforme al convenio. Estas directrices y procedimientos internos deberían indicar, en concreto, que la autoridad competente no necesita la aprobación ni las instrucciones del personal de la administración tributaria que realizó los ajustes en cuestión para resolver el caso PA y que, por tanto, para la resolución de dicho caso, la autoridad competente no debería verse influida por las consideraciones políticas que al país le gustaría ver reflejadas en las futuras modificaciones que se realicen al convenio (o, dicho de otra manera, por la posición que adopte el país en las negociaciones de futuros convenios). Debe entenderse que el compromiso de garantizar que el personal encargado de los casos PA dispone de la autoridad necesaria para resolver dichos casos conforme a lo previsto en el elemento 2.3 del estándar mínimo, incluye asimismo el compromiso de garantizar la oportuna implementación de los acuerdos alcanzados por las autoridades competentes en el proceso PA.

2.4	***Los países no deberían utilizar para valorar las funciones de sus autoridades competentes ni de la plantilla encargada de los procesos PA, indicadores de desempeño basados en criterios como los ajustes de auditoría o el mantenimiento de los ingresos por impuestos.***

28. Los procedimientos internos de los países para la gestión de sus programas PA deberían establecer de una forma clara, que el desempeño de las funciones de sus autoridades competentes y de la plantilla encargada de resolver los procesos PA no será evaluado de acuerdo a criterios como el importe de los ajustes de auditoría o el mantenimiento de los ingresos fiscales. Por el contrario, estos procedimientos internos deberían establecer que el desempeño de las funciones de sus autoridades competentes y de la plantilla encargada de resolver los procesos PA será evaluado mediante indicadores de desempeño adecuados, entre los que pueden estar los siguientes:

- número de casos PA resueltos;
- coherencia (es decir, que el convenio se aplique, de una forma coherente y respetando unos mismos principios, en casos PA que tengan hechos similares y que afecten a contribuyentes en una situación parecida); y
- tiempo empleado en la resolución del caso PA (teniendo en cuenta que el tiempo empleado para la resolución de los casos puede variar en función de su complejidad y de que algunas cuestiones que escapan al control de la autoridad competente pueden tener una influencia significativa sobre el tiempo necesario para resolverlo).

2.5	***Los países deberían asegurarse de proporcionar los recursos adecuados para el funcionamiento del procedimiento amistoso.***

29. Los países deberían asegurarse de proporcionar los recursos necesarios (incluidos los de personal, financiación, formación y otras necesidades del programa) para el correcto funcionamiento del PA, con el fin de permitir que las autoridades competentes puedan llevar a cabo el mandato de resolver los casos de imposición no conforme con las disposiciones del convenio de una forma efectiva y oportuna.

2.6 *En sus directrices PA los países deberían aclarar que los acuerdos en los procesos de auditoría entre la administración tributaria y el contribuyente no impiden el acceso al procedimiento amistoso. Si los países disponen de un proceso legal o administrativo de resolución/acuerdo de conflictos independiente de las funciones de auditoría y revisión y a los que solo se puede acceder mediante petición del contribuyente, los países pueden limitar el acceso al procedimiento amistoso en aquellas cuestiones resueltas mediante dichos procesos. Los países deberían comunicar a sus socios de convenio la existencia de tales procesos legales o administrativos, abordando expresamente en las directrices públicas relativas a dichos procesos, así como en las directrices públicas del programa PA, el efecto de estos procesos sobre el PA.*

30. En las directrices del programa PA de los países debería quedar claro que los acuerdos de auditoría entre la administración tributaria y el contribuyente no impiden el acceso al procedimiento amistoso.[5] En tales casos, una vez se haya iniciado el procedimiento amistoso, la autoridad competente debería valorar de una forma independiente, si el acuerdo de auditoría puede o no dar como resultado una imposición para el contribuyente no conforme con las disposiciones del Convenio, reconociendo de esta forma el papel fundamental de la autoridad competente en la correcta aplicación e interpretación de los convenios fiscales del país. Incluso cuando la autoridad competente no considere fundada la reclamación del contribuyente, debería notificar el caso de la forma adecuada a la autoridad competente del otro país firmante del convenio. Es necesario aclarar que el hecho de proporcionar acceso al procedimiento amistoso en los casos en los que el contribuyente haya alcanzado un acuerdo de auditoría con la administración tributaria es una cuestión diferente al hecho de si el arbitraje PA se encuentra o no disponible (cuando el correspondiente convenio fiscal incluya una cláusula de arbitraje); el arbitraje PA sólo estará disponible en los casos en los que se haya proporcionado acceso al procedimiento amistoso por cumplir los requisitos del apartado 2 del artículo 25 (esto es, cuando la autoridad competente ante la cual se presentó el caso considere fundada la reclamación del contribuyente), así como aquellos requisitos previstos en la cláusula de arbitraje aplicable.

31. No obstante, si el país dispone de un proceso legal o administrativo de resoluciónde reclamaciones independiente de las funciones de auditoría y revisión y al que solo se puede acceder mediante petición del contribuyente, dicho país puede limitar el acceso al procedimiento amistoso en aquellas cuestiones resueltas mediante el mencionado proceso. Estos procesos pueden incluir, por ejemplo, un mecanismo de liquidación que exija claramente la petición voluntaria de un acuerdo de auditoría definitivo por parte del contribuyente, y que garantice de forma clara que dicha petición se realiza ante un organismo, encargado de decidir sobre ella, compuesto por personas que no han participado, directa o indirectamente, en la auditoría y que tienen la capacidad y la independencia necesarias para decidir sobre el caso garantizando que dicha decisión se ajusta a la legislación vigente y al convenio que resulte de aplicación. En todos estos casos, los países deberían notificar a los socios firmantes del convenio la existencia de dichos procesos. Asimismo, los países deberían tratar expresamente en las directrices públicas relativas a dichos procesos, así como en las directrices públicas del programa PA, el efecto de estos procesos sobre el procedimiento amistoso, a fin de garantizar que los contribuyentes que elijan someterse a ellos estén plenamente informados de las consecuencias de dicha decisión en lo que respecta a la posibilidad de acceder al procedimiento amistoso.

2.7 *Los países que han implantado programas sobre acuerdos previos de valoración de precios de transferencia (APV) deberían aceptar, en ciertos casos, el efecto retroactivo de los APV, teniendo en cuenta los plazos de prescripción (como, por ejemplo, el plazo de prescripción de las inspecciones) cuando los hechos y las circunstancias de ejercicios fiscales anteriores coincidan, sujeto a que se verifique dicha coincidencia.*

32. Se espera que la cuestión del acceso al PA en los casos en los que existe un acuerdo de auditoría se aborde en las modificaciones de los Comentarios al artículo 25 a incluir en la próxima actualización del Modelo de Convenio Tributario de la OCDE. Dichas modificaciones podrían abordar, en concreto, las consideraciones estratégicas de política interna que fundamentan el proporcionar acceso al procedimiento amistoso en tales casos, especialmente en lo que respecta a la doble imposición que puede existir cuando al contribuyente se le exige renunciar al derecho a que las cuestiones relativas a la aplicación e interpretación de un convenio puedan ser resueltas bilateralmente mediante el procedimiento amistoso.

33. Cuando un país haya implantado programas APV bilaterales (véanse las buenas prácticas del apartado 4 a continuación), puede darse el caso de que problemas resueltos mediante un acuerdo previo de valoración afecten a ejercicios fiscales anteriores no contemplados originalmente dentro del APV. El efecto "retroactivo" del APV sobre años anteriores puede ser de gran utilidad para prevenir o resolver posibles controversias en materia de precios de transferencia. Los países que han implantado programas APV bilaterales deberían aceptar, en ciertos casos, el efecto retroactivo de dichos programas, cuando los hechos y las circunstancias ocurridos en los ejercicios fiscales anteriores coincidan, siempre que se verifique dicha coincidencia. El efecto retroactivo de los APV estará siempre sometido a los correspondientes plazos de prescripción: aquellos previstos en el artículo 25 para cuando se haya presentado o se presente una solicitud de PA respecto de ejercicios anteriores; o aquellos previstos por el derecho interno (como el plazo de prescripción de las inspecciones) cuando no se haya presentado ni se vaya a presentar una solicitud de PA respecto de ejercicios anteriores. Los ajustes a la baja solo deberían realizarse tras notificarlo o consultarlo con la otra autoridad competente, a fin de evitar que ello derive en una situación de no imposición que afecte a la totalidad o una parte de los beneficios objeto del ajuste.

3. Los países deberían garantizar que los contribuyentes que cumplan los requisitos del apartado 1 del artículo 25 puedan acceder al procedimiento amistoso.

34. Algunos de los principales obstáculos para la resolución de controversias sobre convenios fiscales mediante el procedimiento amistoso tiene que ver con el alcance de la obligación de proporcionar acceso a los PA que impone el convenio. Es posible que estos problemas cobren cada vez más importancia como resultado de los trabajos desarrollados para combatir la erosión de la base imponible y el traslado de beneficios, ya que se están implantando normas más estrictas y las administraciones tributarias están obligadas a desarrollar tanto la experiencia práctica como interpretaciones comunes del nuevo convenio fiscal y de las normas sobre la fijación de precios de transferencia. Los elementos del estándar mínimo descritos en la sección I.A.3 tienen como objetivo garantizar que los contribuyentes que cumplan los requisitos del apartado 1 del artículo 25 puedan acceder al procedimiento amistoso.

3.1 Ambas autoridades competentes deberían conocer las solicitudes de PA presentadas, y poder dar su opinión sobre si dichas solicitudes deben ser aceptadas o rechazadas. Para lograr este objetivo, los países deberían adoptar alguna de estas medidas:

- ***modificar el apartado 1 del artículo 25 para permitir que la solicitud de asistencia PA pueda plantearse ante la autoridad competente de uno u otro Estado contratante; o***
- ***cuando el convenio no permita que la solicitud de PA pueda plantearse ante la autoridad competente de uno u otro Estado, establecer un proceso bilateral de notificación o consulta para los casos en los que la autoridad competente del Estado ante el cual se presentó el caso PA no considere fundada la reclamación del contribuyente (dicha consulta no debe interpretarse como una consulta sobre cómo resolver el caso).***

35. Ambas autoridades competentes deberían conocer las solicitudes de PA presentadas conforme al apartado 1 del artículo 25, y deberían tener la oportunidad de opinar sobre si dichas solicitudes deben aceptarse o rechazarse, así como sobre el hecho de si la reclamación del contribuyente se considera o no fundada. Para lograr este objetivo, los países deberían adoptar alguno de estos enfoques alternativos: *(i)* modificar el apartado 1 del artículo 25 para permitir que la solicitud de asistencia PA pueda plantearse ante la autoridad competente de cualquiera de los Estados contratantes; o *(ii)* establecer un proceso bilateral de notificación o consulta para los casos en los que la autoridad competente del Estado ante el cual se presentó el caso PA no considere fundada la reclamación del contribuyente (dejando claro que dicha notificación o consulta no se refiere al hecho de cómo resolver el caso).

36. Para recoger estas conclusiones se realizarán los siguientes cambios en el apartado 1 del artículo 25 y en sus Comentarios:

Sustituir el apartado 1 del artículo 25 por lo siguiente:

> 1. Cuando una persona considere que las medidas adoptadas por uno o por ambos Estados contratantes implican o pueden implicar para ella una imposición que no está conforme con las disposiciones del presente Convenio, con independencia de los recursos previstos por el derecho interno de esos Estados, podrá someter su caso a la autoridad competente ~~del~~ ***de uno u otro*** Estado contratante ~~del que sea residentes o, si fuera aplicable el apartado 1 del artículo 24, a la del Estado contratante del que sea nacional~~. El caso deberá ser planteado dentro de los tres años siguientes a la primera notificación de la medida que implique una imposición no conforme a las disposiciones del Convenio.

Sustituir el apartado 7 de los Comentarios al artículo 25 por lo siguiente:

> 7. Las reglas enunciadas en los apartados 1 y 2 prevén la eliminación en casos particulares de la imposición no conforme al Convenio. Como es sabido, los contribuyentes tienen en tales casos la posibilidad de interponer recurso ante la jurisdicción competente en materia de impuestos, bien inmediatamente o una vez denegada su reclamación por la administración tributaria. Cuando la imposición no conforme al Convenio resulte de una incorrecta aplicación de este en los dos Estados, los contribuyentes deben litigar en cada Estado con los inconvenientes e incertidumbres que comporta tal situación. De este modo, el apartado 1 faculta a los contribuyentes afectados, sin perjuicio de su derecho a interponer los recursos jurisdiccionales ordinarios, para utilizar un procedimiento denominado amistoso porque tiende en su segunda fase a solventar el litigio de forma

concertada, es decir por acuerdo entre las autoridades competentes; la primera fase del procedimiento se desarrolla únicamente ***en uno de los Estados contratantes*** ~~el Estado de residencia (salvo en el caso de que, por aplicación del apartado 1 del artículo 24, la inicie el contribuyente en el Estado de su nacionalidad)~~ desde la interposición de la reclamación hasta su resolución por la autoridad competente.

Sustituir los apartados 16 a 19 de los Comentarios al artículo 25 por lo siguiente:

16. Para que las reclamaciones formuladas en virtud del apartado 1 sean aceptadas, deben obedecer a una doble exigencia expresamente señalada en tal apartado: deben dirigirse~~, en principio,~~ a la autoridad competente ***de cualquier Estado contratante*** ~~del Estado de residencia del contribuyente (salvo en el caso de que el procedimiento lo inicie el citado contribuyente en el Estado del que es nacional, por aplicación del apartado 1 del artículo 24)~~, y deben hacerlo dentro del plazo de los tres años siguientes a la primera notificación de la medida que entraña una imposición no conforme al Convenio. El Convenio no establece reglas particulares en cuanto a la forma de las reclamaciones. Las autoridades competentes pueden prescribir los procedimientos particulares que juzguen apropiados. Si tales procedimientos no se han prefijado, las reclamaciones pueden presentarse de la misma manera que las de carácter fiscal ante la Administración del Estado respectivo.

17. La ~~obligación~~ opción del contribuyente de dirigirse a la autoridad competente de uno u otro Estado contratante tiene por objeto reforzar el principio general que señala que el procedimiento amistoso debería estar disponible de la forma más amplia posible y debería aportar flexibilidad. Esta opción tiene el objetivo añadido de garantizar que la decisión sobre si una reclamación debe pasar o no a la segunda fase del procedimiento amistoso este abierta a consideracion por ambas autoridades competentes (esto es, que sea una decisión adoptada por las autoridades competentes de ambos Estados contratantes). El apartado 1 permite a la persona presentar sus reclamaciones ante la autoridad competente de uno u otro Estado contratante; no impide que dicha persona presente sus reclamaciones ante las autoridades competentes de ambos Estados al mismo tiempo (véase el apartado 75 a continuación). Cuando la persona dirija sus reclamaciones a las autoridades competentes de ambos Estados, deberá informar sobre dicha circunstancia a ambas autoridades competentes, a fin de facilitar una resolución coordinada del caso. ~~del que es residente (salvo cuando el contribuyente inicia el procedimiento en el Estado de su nacionalidad por aplicación del apartado 1 del artículo 24) es de alcance general, independientemente de que la imposición discutida se haya determinado en este o en el otro Estado y que la medida entrañe o no una doble imposición. Si con posterioridad a la medida o imposición discutidas, el contribuyente cambia su residencia al otro Estado contratante, deberá dirigir su reclamación a la autoridad competente del Estado donde ha sido residente durante el año respecto del cual se ha determinado o va a determinarse la imposición~~.

18. ~~Sin embargo, en el caso ya indicado de que una persona, nacional de un Estado, pero residente del otro Estado, considere que ha sido objeto en este último Estado de medidas o gravámenes discriminatorios a la vista del apartado 1 del artículo 24, parece lo más indicado por razones evidentes, y como excepción a la regla general enunciada antes, que presente su reclamación ante la autoridad competente del Estado contratante del que es nacional. Finalmente, debe dirigirse a la misma autoridad competente la reclamación de una persona que, sin ser residente de un Estado contratante, posea la nacionalidad de un Estado contratante y cuyo caso entre en el ámbito del apartado 1 del artículo 24~~.

~~19.~~ Por otro lado, los Estados contratantes ~~que lo estimen preferible~~ podrán acordar ~~con~~ ***que*** los contribuyentes ***no tengan*** la posibilidad de dirigir de forma potestativa sus reclamaciones a la autoridad competente de uno u otro Estado***, sino que deban, en primera instancia, dirigir su caso a la autoridad competente del Estado del que es residente. Sin embargo, cuando una persona, nacional de un Estado, pero residente del otro Estado, considere que ha sido objeto en este último Estado de una imposición (o de cualquier requerimiento relacionado con dicha imposición) discriminatoria a la vista del apartado 1 del artículo 24, parece lo más indicado por razones evidentes, y como excepción a la regla alternativa que obliga al contribuyente a dirigir su reclamación a la autoridad competente de su Estado de residencia, que presente su reclamación ante la autoridad competente del Estado contratante del que es nacional. Del mismo modo, parece lo más indicado que*** ~~Finalmente, debe~~ ***debiera*** dirigirse a la misma autoridad competente la reclamación de una persona que, sin ser residente de un Estado contratante, posea la nacionalidad de un Estado contratante y cuyo caso entre en el ámbito del apartado 1 del artículo 24. ***Para dar cabida a la regla alternativa y a la excepción en los casos que entren en el ámbito del apartado 1 del artículo 24***, el apartado 1 tendría que ser modificada así:

> 1. Cuando una persona considere que las medidas adoptadas por uno o por ambos Estados contratantes implican o pueden implicar para ella una imposición que no está conforme con las disposiciones del presente Convenio podrá, con independencia de los recursos previstos por el derecho interno de esos Estados, someter su caso a la autoridad competente ***del Estado contratante*** ~~de cualquiera de ellos~~ ***del que sea residente o, si fuera aplicable el apartado 1 del artículo 24, a la del Estado contratante del que sea nacional***. El caso deberá ser planteado dentro de los tres años siguientes a la primera notificación de la medida que implique una imposición no conforme a las disposiciones del Convenio.

Los Estados contratantes que prefieran esta regla alternativa deben adoptar las medidas necesarias para garantizar un amplio acceso al procedimiento amistoso y que la decisión sobre si una reclamación debe pasar o no a la segunda fase del procedimiento sea considerada por ambas autoridades competentes.

19. Hay que señalar que si con posterioridad a la imposición discutida, el contribuyente cambia su residencia al otro Estado contratante, deberá, no obstante (según lo previsto en la regla alternativa del apartado 18), seguir dirigiendo su reclamación a la autoridad competente del Estado donde ha sido residente durante el año respecto del cual se ha determinado o va a determinarse la imposición.

Sustituir los apartados 31 a 35 de los Comentarios al artículo 25 por lo siguiente:

31. En su primera fase, que se inicia con la reclamación del contribuyente, el procedimiento en cuestión se sitúa exclusivamente en el plano de las relaciones entre este y la autoridad competente del Estado ~~de residencia~~ ***ante el que se presentó la reclamación*** ~~(salvo en el caso de que el procedimiento lo inste el contribuyente en el Estado de su nacionalidad, por aplicación del apartado 1 del artículo 24).~~ Las disposiciones del apartado 1 reconocen al contribuyente implicado el derecho a dirigirse a la autoridad competente ~~del~~ ***de uno u otro*** Estado ~~del que es residente~~, haya o no agotado las vías de los recursos que cada uno de los dos Estados le otorga en su derecho interno. Por otra parte, la autoridad competente debe ponderar la justificación de la reclamación y, si la estima justificada, resolverla de alguna de las formas definidas en el apartado 2.

31.1 La decisión sobre si la reclamación se "estima justificada" exige que la autoridad competente ante la que se presentó lleve a cabo una valoración preliminar

de la misma al objeto de determinar si la imposición en ambos Estados contratantes resulta coherente con los términos del Convenio. Parece conveniente considerar que la reclamación está justificada cuando existe, o es razonable pensar que pueda existir, una imposición no conforme con el Convenio en alguno de los Estados contratantes.

32. Si la autoridad competente estima pertinente la reclamación y considera que la imposición impugnada es imputable en todo o parte a medidas adoptadas en ***dicho*** ~~el~~ Estado ~~de residencia del contribuyente~~, debe dar satisfacción al reclamante lo más pronto posible procediendo a los ajustes o desgravaciones que estime necesarios. En este caso, la cuestión puede resolverse sin ***pasar de la primera fase (unilateral) del*** ~~recurrir al~~ procedimiento amistoso. Por otro lado, puede estimarse de utilidad un intercambio de puntos de vista e informaciones con las autoridades competentes del otro Estado contratante para confirmar, por ejemplo, determinada interpretación del Convenio.

33. Si, por el contrario, esta autoridad competente estima que la imposición impugnada es consecuencia, en todo o en parte, de una medida adoptada por el otro Estado, le corresponde, de hecho es su obligación, como claramente se desprende de los términos del apartado 2, promover ***la segunda fase (bilateral) del*** procedimiento amistoso ~~propiamente dicho~~. Es importante que la autoridad ***competente*** en cuestión cumpla con su obligación lo más rápidamente posible, particularmente en los casos en que se hayan rectificado los beneficios de empresas asociadas como consecuencia de ajustes de precios de transferencia.

34. El contribuyente tiene derecho, en virtud del apartado 1, a someter su caso a la autoridad competente de~~l~~ ***uno u otro*** Estado ~~del que es residente~~, haya o no presentado demanda o contencioso de acuerdo con el derecho interno de ***uno (o ambos)*** ~~este~~ Estado***s***. Si el litigio está pendiente de resolución ***en el Estado en el que se presentó la reclamación***, la autoridad competente de~~l~~ ***dicho*** Estado ~~de residencia~~, sin esperar la decisión judicial definitiva, debe determinar si considera el caso apropiado para el procedimiento amistoso. Si opta por tal solución debe precisar si está en condiciones de aportar una solución satisfactoria o si el caso debe someterse a la autoridad competente del otro Estado contratante. Las peticiones de apertura de un procedimiento amistoso realizadas por un contribuyente no deben rechazarse sin un motivo válido.

35. Aún cuando un tribunal de~~l~~ ***uno u otro*** Estado ~~de residencia del contribuyente~~ haya resuelto definitivamente la petición, ***el contribuyente*** puede presentar o proseguir su reclamación en el marco del procedimiento amistoso. En algunos Estados, la autoridad competente puede aportar una solución satisfactoria distinta de la decisión judicial. En otros Estados, la autoridad competente está vinculada por tal decisión, pero puede someter el caso a la autoridad competente del otro Estado contratante solicitando que este adopte las medidas necesarias para evitar la doble imposición.

3.2 Las directrices sobre el procedimiento amistoso publicadas por los países deberían identificar la información y la documentación concreta que el contribuyente debe presentar en su solicitud de PA. Los países no deberían limitar el acceso al procedimiento amistoso argumentando la insuficiencia de la información presentada por el contribuyente si éste ha presentado la información que se le pedía.

37. El elemento 2.1 del estándar mínimo establece que los países deberían elaborar y publicar normas, directrices y procedimientos sobre sus programas de procedimiento amistoso que incluyan indicaciones para que los contribuyentes sepan cómo presentar

sus solicitudes de asistencia ante la autoridad competente. Estas directrices sobre el procedimiento amistoso publicadas por los países deberían identificar, en particular, la información y la documentación concreta que el contribuyente debe presentar en su solicitud de PA. Cuando el contribuyente haya proporcionado la información y la documentación exigidas en dichas directrices, la autoridad competente no debería denegarle el acceso al PA argumentando la insuficiencia de la información aportada. El Foro MAP FTA elaborará unas directrices sobre la información y documentación concreta que es necesario aportar junto con la solicitud de asistencia PA.

3.3 Los países deberían incluir en sus convenios fiscales la segunda frase del apartado 2 del artículo 25 ("El acuerdo será aplicable independientemente de los plazos previstos por el derecho interno de los Estados contratantes"). Los países que no puedan incluir en sus convenios fiscales la segunda frase del apartado 2 del artículo 25, deberían estar dispuestos a aceptar una disposición alternativa que limite los plazos durante los cuales el Estado contratante puede efectuar un ajuste conforme a lo previsto en los artículos 9(1) o 7(2), al objeto de evitar ajustes tardíos para los que el recurso al PA podría no estar disponible.

38. La segunda frase del apartado 2 del artículo 25 establece que el acuerdo alcanzado por las autoridades competentes conforme a lo previsto en dicho apartado "será aplicable independientemente de los plazos previstos por el derecho interno de los Estados contratantes". El apartado 29 de los Comentarios al artículo 25 reconoce que esta frase expresa inequívocamente la obligación de aplicar tal acuerdo y señala que los obstáculos a la aplicación que pudieran existir en el momento de suscribirse el convenio deberían incorporarse en el tenor del propio acuerdo. Los países deberían, por tanto, incluir la segunda frase del artículo 25(2) en sus convenios fiscales para garantizar que los plazos previstos por su derecho interno no impidan la aplicación de los acuerdos por parte de la autoridad competente y evitar, de este modo, que frustren el objetivo de resolver los casos de imposición no conforme con el Convenio.

39. Cuando un país no pueda incluir en sus convenios fiscales la segunda frase del apartado 2 del artículo 25 (es decir, cuando un determinado país tenga una reserva o posición con respecto a dicha frase), deberia estar dispuesto a aceptar la siguiente disposición alternativa que limite los plazos durante los cuales el Estado contratante puede efectuar ajustes conforme a lo previsto en los artículos 9(1) o 7(2), al objeto de evitar ajustes tardíos para los que el recurso al PA podría no estar disponible. Se entiende que dicho país cumplirá este elemento del estándar mínimo cuando las disposiciones alternativas incluidas en el convenio reflejen los plazos previstos en su derecho interno para poder realizar ajustes; se entiende, asimismo, que aquellos países que prefieran incluir la segunda frase del artículo 25(2) no estarán obligados a aceptar estas disposiciones alternativas.

[*En el artículo* 7]:

> ***Los Estados contratantes no ajustarán los beneficios imputables a un establecimiento permanente de una empresa de uno de los Estados contratantes después [del plazo mutuamente acordado] contado a partir del final del ejercicio fiscal en el cual se obtuvieran los beneficios imputables a dicho establecimiento permanente. Las disposiciones de este apartado no se aplicarán en caso de fraude, negligencia o dolo.***

[En el artículo 9]:

> ***3. Los Estados contratantes no incluirán entre los beneficios de una empresa y, por tanto, no gravarán, los beneficios que hubiera podido obtener dicha empresa de no haber existido las condiciones a las que se refiere el apartado 1, después [del plazo mutuamente acordado] contado a partir del final del ejercicio fiscal en el cual se obtuvieran los beneficios imputables a dicha empresa. Las disposiciones de este apartado no se aplicarán en caso de fraude, negligencia o dolo.***

40. Los siguientes cambios en los Comentarios a los artículos 7 y 9 introducirán la posibilidad de utilizar estas disposiciones alternativas:

Sustituir el apartado 62 de los Comentarios al artículo 7 por lo siguiente:

> 62. Al igual que el apartado 2 del artículo 9, el apartado 3 no trata la cuestión de si debe fijarse un plazo tras cuya expiración un Estado no esté obligado a practicar el ajuste apropiado a los beneficios imputables al establecimiento permanente tras una revisión al alza de estos beneficios en el otro Estado. Algunos Estados consideran que esta obligación no debe estar sometida a una limitación temporal; expresado de otro modo: con independencia de los años que se haya retrotraído el Estado que haya practicado el ajuste primario, debe garantizarse a la empresa la realización del ajuste oportuno en el otro Estado. Otros Estados consideran que una obligación sin plazo de esta naturaleza no es razonable desde el punto de vista de la práctica administrativa. Este problema no se ha abordado en el texto de los apartados 2 ni 3 del artículo 9, si bien los Estados contratantes tienen libertad para introducir en sus convenios bilaterales, si así lo desean, disposiciones relativas al plazo de tiempo durante el que un Estado estará obligado a practicar un ajuste adecuado (a este respecto, véanse los párrafos 39, 40 y 41 de los Comentarios al artículo 25). ***Los Estados contratantes pueden abordar también este problema mediante una disposición que limite el tiempo durante el cual puede realizarse un ajuste en virtud del apartado 2 del artículo 7; esta solución evitaría la doble imposición que de otro modo existirá cuando, tras llevarse a cabo el ajuste en el primer Estado conforme al apartado 2 del artículo 7, no se realice el ajuste en el otro Estado según lo previsto en el apartado 3 de dicho artículo. Los Estados contratantes que deseen obtener este resultado pueden pactar bilateralmente la inclusión del siguiente apartado a continuación del apartado 4:***
>
> > ***5. Los Estados contratantes no ajustarán los beneficios imputables a un establecimiento permanente de una empresa de uno de los Estados contratantes después [del plazo mutuamente acordado] contado a partir del final del ejercicio fiscal en el cual se obtuvieran los beneficios imputables a dicho establecimiento permanente. Las disposiciones de este apartado no se aplicarán en caso de fraude, negligencia o dolo.***

Sustituir el apartado 10 de los Comentarios al artículo 9 por lo siguiente:

> 10. El apartado tampoco responde a la cuestión de si debería existir un plazo al término del cual el Estado B no estaría obligado a efectuar un ajuste apropiado de los beneficios de la empresa Y como consecuencia de una revisión al alza de los beneficios de la empresa X en el Estado A. Algunos Estados consideran que la obligación del Estado B no debe limitarse en el tiempo; o en otras palabras, que cualquiera que sea el número de años que retroceda el Estado A para revisar liquidaciones impositivas, la empresa Y debe, en justicia, tener la seguridad de que se efectuará el ajuste apropiado en el Estado B. Otros Estados consideran que una obligación ilimitada de este tipo no parece razonable desde el punto de vista de la práctica administrativa. En estas circunstancias,

consiguientemente, no se ha abordado esta cuestión en el texto del artículo, si bien los Estados contratantes quedan libres para incluir en sus convenios bilaterales, si lo desean, disposiciones relativas al plazo de tiempo durante el cual el Estado B está obligado a efectuar un ajuste apropiado (véanse sobre esta cuestión los párrafos 39, 40 y 41 de los Comentarios al artículo 25). ***Los Estados contratantes pueden abordar también este problema mediante una disposición que limite el tiempo durante el cual puede realizarse un ajuste primario en virtud del apartado 1 del artículo 9; esta solución evitaría la doble imposición económica que de otro modo existirá cuando no se realice el ajuste correspondiente tras llevarse a cabo el ajuste inicial. Los Estados contratantes que deseen obtener este resultado pueden pactar bilateralmente la inclusión del siguiente apartado a continuación del apartado 2:***

> ***3. Los Estados contratantes no incluirán entre los beneficios de una empresa y, por tanto, no gravarán, los beneficios que hubiera podido obtener dicha empresa de no haber existido las condiciones a las que se refiere el apartado 1, después [del plazo mutuamente acordado] contado a partir del final del ejercicio fiscal en el cual se obtuvieran los beneficios imputables a dicha empresa. Las disposiciones de este apartado no se aplicarán en caso de fraude, negligencia o dolo.***

41. Algunos países pueden estar interesados en incluir en sus convenios fiscales la segunda frase del apartado 2 del artículo 25, siempre que se pacte limitar el plazo durante el cual el Estado contratante pueda realizar ajustes conforme a lo previsto en los artículos 9(1) o 7(2). De esta forma se tendría en cuenta la opinión de algunos países respecto a que una obligación ilimitada de realizar el ajuste correspondiente no resulta razonable desde el punto de vista de la práctica administrativa, pero con la certeza de que se evitarán las situaciones de doble imposición realizando un ajuste conforme a lo previsto en los artículos 9(1) o 7(2) dentro de un plazo razonable. Se entiende que el país cumplirá el estándar mínimo cuando incluya el apartado 2 del artículo 25 en sus convenios fiscales, además de las disposiciones alternativas a los artículos 7 y 9 descritas en el apartado 39 de este Informe.

B. Buenas prácticas

42. Tal y como se ha dicho anteriormente, los trabajos surgidos del mandato de la Acción 14 identifican también un conjunto de buenas prácticas relacionadas con los tres objetivos generales del estándar mínimo. A continuación se describen estas buenas prácticas que no forman parte del estándar mínimo.

1. Los países deberían asegurarse de que las obligaciones sobre procedimientos amistosos contraídas en virtud de los convenios se aplican plenamente y de buena fe, resolviendo oportunamente aquellos casos objeto de procedimientos amistosos

Práctica n.º 1: Los países deberían incluir el apartado 2 del artículo 9 en sus convenios fiscales.

43. La mayoría de los países consideran que la doble imposición económica derivada de la inclusión de los beneficios de empresas asociadas en virtud de lo previsto en el apartado 1 del artículo 9 no se ajusta al objeto y a los fines de los convenios fiscales, por lo que entraría en el ámbito del procedimiento amistoso del artículo 25. Véanse, en general, los apartados 10 a 12 de los Comentarios al artículo 25. Algunos países, sin embargo, consideran que, a falta de una disposición en el convenio basada en el apartado 2 del artículo 9, no están obligados

a hacer los ajustes correlativos ni a dar acceso al PA con respecto a la doble imposición económica que, de otra forma, podría derivarse de un ajuste primario de los precios de transferencia. Tal decisión da al traste con uno de los principales objetivos de los convenios fiscales: la eliminación de la doble imposición, e impide que se realicen consultas bilaterales para determinar los necesarios ajustes de los precios de transferencia. El elemento 1.1 del estándar mínimo garantizará el acceso al procedimiento amistoso en esos casos de precios de transferencia. No obstante, resultaría más efectivo que los países tuvieran la posibilidad de realizar los correspondientes ajustes de forma unilateral en los casos en que consideren fundada la reclamación del contribuyente. Por consiguiente, los países deberían incluir el apartado 2 del artículo 9 en sus convenios, dando por entendido que dicho cambio no está destinado a crear ninguna inferencia negativa en los convenios que actualmente no incluyen una disposición basada en dicho apartado.

2. Los países deberían garantizar que los procedimientos administrativos fomentan la supresión y resolución oportuna de todo conflicto sobre convenios

Práctica n.º 2: Los países deberían disponer de los procedimientos adecuados para publicar los acuerdos alcanzados en virtud de la autoridad que les confiere el apartado 3 del artículo 25 ("resolver las dificultades o las dudas que planteen la interpretación o aplicación del Convenio por medio de un acuerdo amistoso") sobre la aplicación de un convenio que afecte a todos los contribuyentes o a una categoría determinada de ellos (y no una reclamación concreta de un determinado contribuyente), siempre que dichos acuerdos contengan directrices que pudieran ser de utilidad para evitar futuras controversias y la autoridad competente considere que su publicación está en línea con los principios de una buena administración tributaria.

44. La autoridad que confiere el artículo 25(3) en la frase "resolver las dificultades o las dudas que planteen la interpretación o aplicación del Convenio por medio de un acuerdo amistoso", puede ser una herramienta muy efectiva para reforzar una aplicación bilateral coherente de los convenios fiscales. Se debería, por tanto, invitar a las autoridades competentes a que hicieran un uso activo de dicha autoridad. Además, los países deberían disponer de los procedimientos adecuados para publicar los acuerdos alcanzados en virtud del artículo 25(3) que se refieran a cuestiones de carácter general sobre la aplicación de un convenio y que afecten a todos los contribuyentes o a una categoría determinada de ellos (y no una reclamación concreta de un determinado contribuyente), siempre que dichos acuerdos contengan directrices que pudieran ser de utilidad para evitar futuras controversias y la autoridad competente considere que su publicación está en línea con los principios de una buena administración tributaria. Cabe señalar que los procedimientos para la publicación de los acuerdos alcanzados en virtud del artículo 25(3) deben contener las disposiciones necesarias que permitan proteger la confidencialidad de la información del contribuyente.

45. Se contempla la posibilidad de que en la próxima actualización del Modelo de Convenio Tributario de la OCDE se incluyan cambios en los Comentarios a los artículos 3 y 25, al objeto de clarificar la naturaleza jurídica de los acuerdos amistosos alcanzados en virtud de lo previsto en el artículo 25(3).

Práctica n.º 3: Los países deberían promover un "conocimiento global" de las funciones de auditoría y revisión implicadas en asuntos internacionales mediante la entrega al personal correspondiente del "Módulo Formativo sobre Conocimiento Global" (Global Awareness Training Module) desarrollado por el Foro sobre Administración Tributaria.

46. El Plan Estratégico del Foro MAP FTA[6] recoge una serie de iniciativas concretas para que las autoridades competentes puedan hacer frente a determinados problemas relacionados con los recursos, la atribucion de poderes, las relaciones con otras administraciones y su posición, su relación con las funciones de auditoría y con su responsabilidad y la rendición de cuentas. El hecho de que un país participe en el Foro MAP FTA refleja el compromiso asumido por sus autoridades competentes de avanzar a través de estas iniciativas en la consecución de los objetivos recogidos en el Plan Estratégico, así como su disposición a rendir cuentas de sus acciones ante sus colegas del Foro.

47. El Plan Estratégico señala que el hecho de aumentar el "conocimiento global" de las funciones de auditoría y revisión implicadas en asuntos internacionales resulta esencial para prevenir comportamientos disfuncionales de las administraciones tributarias (esto es, la realización de ajustes incoherentes con los principios aplicados a sociedades no residentes) y para evitar los conflictos que pueden crear dichos comportamientos. En este sentido, el Plan Estratégico señala lo siguiente: "Todas las funciones de auditoría implicadas en ajustar la posición fiscal del contribuyente en asuntos internacionales deben tener conciencia de: (1) la posibilidad de crear una doble imposición; (2) el impacto que los ajustes propuestos tienen en las bases imponibles en más de una jurisdicción; y (3) los procesos y los principios mediante los cuales las autoridades competentes resuelven aquellas reclamaciones que afectan a diferentes jurisdicciones." Una de las iniciativas puestas en marcha por el Foro FTA MAP es la de incentivar la formación sobre estas cuestiones, habiendo elaborado y aprobado para ello el "Módulo Formativo sobre Conocimiento Global" que puede servir a estos fines. Los países deberían promover un conocimiento global de las funciones de auditoría y revisión que llevan a cabo sus administraciones tributarias, haciendo uso del Módulo Formativo sobre Conocimiento Global elaborado por el FTA.

Práctica n.º 4: Los países deberían implantar programas bilaterales APV.

48. Un acuerdo previo de valoración de precios de transferencia (APV) consiste en un "acuerdo que determina un conjunto de criterios (en particular, la metodología, los comparables, los ajustes pertinentes y las hipótesis críticas referidas a hechos futuros) con carácter previo a la realización de las operaciones vinculadas, con el fin de determinar los precios de transferencia aplicables a estas operaciones durante un período de tiempo concreto". Véase el apartado 4.123 de las Directrices de la OCDE aplicables en materia de precios de transferencia a empresas multinacionales y administraciones tributarias. Los APV suscritos de forma bilateral entre las autoridades competentes de los países firmantes de un convenio, proporcionan un mayor nivel de certeza fiscal en ambas jurisdicciones, reducen la probabilidad de la doble imposición y pueden prevenir la aparición de conflictos en materia de precios de transferencia. Los países deberían, por tanto, tratar de implantar programas APV bilaterales tan pronto como tuvieran capacidad para hacerlo.

Práctica n.º 5: Los países deberían comprometerse, a implantar procedimientos que permitan a los contribuyentes, en algunos casos y después de realizar una primera inspección fiscal, solicitar una resolución plurianual mediante el PA de cuestiones recurrentes relacionadas con ejercicios fiscales pasados en los que los hechos y las circunstancias son coincidentes, una vez que se verifique dicha coincidencia. Dichos procedimientos quedarían sujetos a los requisitos del apartado 1 del artículo 25: las peticiones para resolver reclamaciones relacionadas con un determinado ejercicio fiscal solo serán admitidas si se plantean dentro de los tres años siguientes a la primera notificación de la medida que implique una imposición no conforme a las disposiciones del Convenio.

49. En algunos casos, la solicitud de asistencia a la autoridad competente sobre una corrección concreta de los ingresos puede presentar problemas recurrentes que afecten también a ejercicios fiscales anteriores o posteriores. Los procedimientos que permiten al contribuyente solicitar la resolución mediante procedimiento amistoso de problemas recurrentes que afectan también a otros ejercicios fiscales (sujeto, por lo general, al requisito de que los hechos y las circunstancias sean coincidentes y a que se verifique dicha coincidencia), pueden evitar que se dupliquen las solicitudes de asistencia PA y posibilitar una mejor utilización de los recursos de la autoridad competente. Los países deberían comprometerse, por tanto,, a implantar procedimientos que permitan a los contribuyentes, en algunos casos y después de realizar una primera inspección fiscal, solicitar una resolución plurianual mediante el PA de cuestiones recurrentes relacionadas con ejercicios fiscales pasados en los que los hechos y las circunstancias sean coincidentes, una vez que se verifique dicha coincidencia. Dichos procedimientos quedarían sujetos a los requisitos del apartado 1 del artículo 25: las peticiones para resolver mediante procedimiento amistoso reclamaciones relacionadas con un determinado ejercicio fiscal solo serán admitidas si se plantean dentro de los tres años siguientes a la primera notificación de la medida que implique una imposición no conforme a las disposiciones del Convenio (es decir, que no se admitirían en estos procedimientos aquellas solicitudes de asistencia PA que hubieran prescrito conforme a lo previsto en este apartado).

3. Los países deberían garantizar que los contribuyentes que cumplan los requisitos del apartado 1 del artículo 25 puedan acceder al procedimiento amistoso.

Práctica n.º 6: Los países deberían tomar las medidas oportunas para paralizar los procedimientos de recaudación hasta que se resuelva el caso PA. Dicha paralización de los procedimientos de recaudación debería estar disponible, como mínimo, bajo las mismas condiciones que rigen para los procedimientos judiciales o administrativos.

50. En los casos en que se exige al contribuyente el pago del impuesto como requisito previo para acceder al PA, este puede enfrentarse a importantes dificultades económicas: si ambos Estados contratantes cobran los impuestos en disputa, se producirá de hecho una doble imposición, y los problemas de tesorería que de ello se derivan para el contribuyente podrían tener un gran impacto en su negocio, al menos durante el tiempo que tarde en resolverse el PA. También es posible que la autoridad competente encuentre menos atractivo el hecho de someterse de buena fe a un PA cuando sepa que probablemente tendrá que devolver los impuestos ya recaudados. Los países deberían, por tanto, tomar las medidas oportunas para paralizar los procedimientos de recaudación hasta que se resuelva el caso PA. Dicha paralización de los procedimientos de recaudación debería estar disponible, como mínimo, bajo las mismas condiciones que rigen para los procedimientos judiciales o administrativos. Se espera que en la próxima actualización del Modelo de Convenio Tributario de la OCDE se introduzcan en los Comentarios al artículo 25 modificaciones relacionadas con esta buena práctica, en concreto, ampliando los actuales Comentarios para describir las consideraciones estratégicas de política interna que fundamentan la paralización de los procedimientos de recaudación durante el tiempo que dure el procedimiento amistoso.

Práctica n.º 7: Los países deberían comprometerse a implantar las oportunas medidas administrativas que faciliten el acceso al PA para resolver las controversias sobre convenios fiscales, reconociendo el principio general que señala que debería ser el contribuyente quien eligiera el medio para solucionar el conflicto.

51. El procedimiento amistoso previsto en el artículo 25 está disponible para todos los contribuyentes independientemente de las acciones legales y de los recursos administrativos previstos por el derecho interno de los Estados contratantes. Dado que las constituciones y/o la legislación nacional de muchos países prevén que ninguna persona puede ser privada de los recursos y acciones legales que le ofrece el derecho interno, la capacidad del contribuyente para elegir el medio con el que resolver su reclamación solo está limitada, por lo general, por los plazos de prescripción vigentes (como los previstos en el derecho interno o el recogido en el apartado 1 del artículo 25) y por el hecho de que la mayoría de las administraciones tributarias no están dispuestas a que el caso sea revisado mediante un procedimiento amistoso y mediante un procedimiento judicial o administrativo al mismo tiempo (es decir, que uno de los procedimientos tendrá prioridad sobre los demás). Reconociendo, no obstante, que el acuerdo alcanzado mediante procedimiento amistoso proporcionará, normalmente, una resolución completa del caso de forma bilateral (y asegurando, por tanto, que se corrige la doble imposición), los países deberían comprometerse a implantar las oportunas medidas administrativas que faciliten el acceso al PA para resolver las controversias sobre convenios fiscales, al tiempo que observan el principio general de que debe ser el contribuyente quien elija el medio para resolver el conflicto.

Práctica n.º 8: Los países deberían incluir en las directrices publicadas sobre procedimiento amistoso una explicación de la relación existente entre el PA y los procedimientos judiciales y administrativos del derecho interno. Estas directrices públicas podrían abordar, en particular, si la autoridad competente se considera a sí misma legalmente obligada a seguir una decisión judicial interna en el PA o si, por el contrario, no se apartará de la decisión tomada por un tribunal interno por razones de política o práctica administrativa.

52. La compleja interacción entre los recursos legales internos y el PA se rige normalmente por el derecho interno y/o los procedimientos administrativos del Estado contratante (es decir, que un convenio fiscal no suele contener disposiciones sobre esta materia), y ello puede dar lugar a ciertas dudas, especialmente si tenemos en cuenta los distintos enfoques adoptados en diferentes jurisdicciones. Dichas dudas pueden referirse, por ejemplo, a la disponibilidad de otros recursos cuando el contribuyente ha optado en primer lugar por el procedimiento amistoso y a la capacidad de la autoridad competente para desviarse de la decisión adoptada por un tribunal interno. Los países deberían incluir, por tanto, en sus directrices publicadas sobre PA (véase el elemento 2.1 anterior) una explicación de la relación existente entre el PA y los procedimientos judiciales y administrativos del derecho interno, los procesos involucrados, las condiciones, las reglas y los plazos que rigen dichos procesos. Estas directrices públicas deberían abordar, en particular, si la autoridad competente se considera a sí misma legalmente obligada a seguir una decisión judicial interna en el PA, o si no se apartará de una decisión judicial inerna tomada por un tribunal interno por razones de política o práctica administrativa.

53. Para aclarar esta cuestión se realizarán los siguientes cambios en los Comentarios al artículo 25:

Sustituir el apartado 35 de los Comentarios al artículo 25 por lo siguiente:

> 35. Aun cuando un tribunal del Estado de residencia del contribuyente haya resuelto definitivamente la petición, este último puede presentar o proseguir su reclamación en el marco del procedimiento amistoso. En algunos Estados, la autoridad competente puede aportar una solución satisfactoria distinta de la decisión judicial. En otros Estados, la autoridad competente está vinculada por tal decisión ***(es decir, está obligada por ley a seguir la decisión del tribunal) o no se apartará de la misma por razones de política o práctica administrativa.*** Pero puede someter el caso a la autoridad competente del

otro Estado contratante solicitando que este adopte las medidas necesarias para evitar la doble imposición.

Sustituir el apartado 42 de los Comentarios al artículo 25 por lo siguiente:

42. Puede suceder que se concluya un acuerdo amistoso respecto a un contribuyente aun cuando se encuentre todavía pendiente una reclamación contenciosa interpuesta por dicho contribuyente, por la misma materia, ante la jurisdicción competente de uno u otro Estado contratante. En tal caso, no podrá rechazarse la solicitud de un contribuyente para diferir su aceptación de la solución convenida en el procedimiento amistoso, hasta que el tribunal haya resuelto el recurso. Otra posición que pueden adoptar las autoridades competentes mientras el contencioso del contribuyente siga su curso, consistiría en diferir el análisis pormenorizado de las cuestiones concretas respecto de las que ese mismo contribuyente ha solicitado el procedimiento amistoso, hasta el pronunciamiento del tribunal. Si la solicitud de inicio de un procedimiento amistoso realizada por el contribuyente afecta a años distintos que los que son objeto del recurso, pero es coincidente por lo que respecta al marco jurídico y a los hechos, de forma que pueda inferirse que la decisión del tribunal afectará al tratamiento del contribuyente en relación con los ejercicios no incluidos expresamente en el recurso, podrá adoptarse en la práctica la misma decisión que en el caso inmediatamente precedente. Ambas circunstancias, a saber: la abstención hasta el pronunciamiento del tribunal, o la suspensión del procedimiento amistoso durante el tiempo que dure el proceso del recurso interno, no vulnerarán ni extinguirán el plazo de dos años recogido en el apartado 5 del artículo. Naturalmente, si las autoridades competentes consideran, en alguna de estas circunstancias, que el caso puede resolverse independientemente de los procedimientos seguidos al amparo de la legislación interna (debido, por ejemplo, a que la autoridad competente del Estado en el que se ha presentado la demanda o contencioso no esté ***legalmente*** vinculada u obligada por la sentencia que de estos se derive) el procedimiento amistoso podrá seguir el trámite habitual. ***La legislación interna podría impedir a la autoridad competente mantener la imposición cuando un tribunal haya estimado que dicha imposición no es conforme con las disposiciones del convenio. En cambio, las autoridades competentes de algunos países no están sometidas a ningún impedimento legal que les impida corregir la imposición a pesar de que un tribunal haya estimado que dicha imposición sí es conforme con las disposiciones del convenio. En ese caso, nada podría impedir (por ejemplo, prácticas o políticas administrativas) que la autoridad competente llegara a un acuerdo en virtud del cual el Estado contratante corrigiera la imposición considerada por dicha autoridad como no conforme con las disposiciones de un convenio fiscal, apartándose así de la decisión adoptada por un tribunal de ese Estado.***

Práctica n.º 9: Las directrices sobre PA publicadas por los países deberían permitir a los contribuyentes acceder al PA, de forma que las autoridades competentes pudieran resolver mediante consultas la doble imposición que pudiera surgir en los casos de ajustes iniciados de buena fe en el extranjero por el contribuyente, es decir, en los casos de ajustes iniciados por el contribuyente en el extranjero permitidos por el derecho interno de uno de los países firmantes del convenio y que permiten al contribuyente, en determinadas circunstancias, modificar una declaración de impuestos ya presentada para ajustar (i) el precio de una operación vinculada entre empresas asociadas, o (ii) corregir los beneficios atribuibles a un establecimiento permanente, con el fin de reflejar un resultado conforme (en opinión del contribuyente) con el principio de plena competencia. Para estos fines, los ajustes iniciados por el contribuyente en el extranjero deberían considerarse realizados de buena fe cuando reflejen la intención del contribuyente de corregir los ingresos declarados en una operación vinculada o los beneficios atribuibles a un establecimiento permanente, y cuando el contribuyente haya cumplido, además, de manera completa y oportuna todas sus obligaciones relacionadas con dichos ingresos o beneficios previstas en la legislación fiscal de los dos Estados contratantes.

54. En virtud de lo previsto en la legislación de algunos Estados, y bajo determinadas circunstancias, el contribuyente puede modificar una declaración de impuestos ya presentada para ajustar el precio de una operación vinculada entre empresas asociadas, o corregir los beneficios atribuibles a un establecimiento permanente, con el fin de reflejar un resultado que, en opinión del contribuyente, sea conforme con el principio de plena competencia. Este ajuste iniciado por el contribuyente puede consistir, por ejemplo, en la presentación de la modificación a una declaración ya presentada para recoger un precio de plena competencia en una operación vinculada, o cualquier otra medida del contribuyente destinada a corregir la atribución de beneficios (previamente comunicados) a un establecimiento permanente para que dicha atribución se ajuste a los principios de la entidad independiente y la plena competencia en los que se basa el artículo 7. Para garantizar que las autoridades competentes pueden resolver mediante consultas la doble imposición que pudiera surgir en los casos de ajustes iniciados de buena fe en el extranjero por el contribuyente (mediante cualquier medida permitida por el derecho interno de uno de los países firmantes del convenio y puesta en marcha a iniciativa del contribuyente para ajustar los resultados ya declarados de operaciones vinculadas o la atribución de beneficios a un establecimiento permanente, a fin de reflejar un resultado conforme al principio de plena competencia), las directrices PA de los países deberían permitir que los contribuyentes pudieran acceder al procedimiento amistoso en relación con dichos ajustes. Para estos fines, los ajustes iniciados por el contribuyente en el extranjero deberían considerarse realizados de buena fe cuando reflejen la intención del contribuyente de corregir los ingresos declarados en una operación vinculada o los beneficios atribuibles a un establecimiento permanente, y cuando el contribuyente haya cumplido, además, de manera completa y oportuna todas sus obligaciones relacionadas con dichos ingresos o beneficios previstas en la legislación fiscal de los dos Estados contratantes.

55. Para recoger esta buena práctica se realizarán los siguientes cambios en los Comentarios a los artículos 7, 9 y 25:

Agregar el siguiente apartado 59.1 en los Comentarios al artículo 7:

> ***59.1 La legislación interna de algunos países puede permitir que el contribuyente modifique, en determinadas circunstancias, una declaración de impuestos ya presentada para ajustar los beneficios atribuibles a un establecimiento permanente, con el fin de reflejar un resultado conforme (en opinión del contribuyente) con los principios de la entidad independiente y la plena competencia en los que se basa el artículo 7. Cuando los ajustes se realizan de buena fe, pueden facilitar la correcta atribución de beneficios a un establecimiento permanente conforme a lo previsto en el apartado 2 del artículo 7. Sin embargo, la doble imposición puede ocurrir cuando, por ejemplo, el ajuste iniciado por el contribuyente aumenta los beneficios atribuibles a un establecimiento permanente situado en un Estado contratante y no se realiza el ajuste correspondiente en el otro Estado. La eliminación de la doble imposición se encuentra dentro del ámbito de aplicación del apartado 3. De hecho, cuando el primer Estado mencionado grava el aumento de los beneficios obtenidos, puede considerarse que dicho Estado está corrigiendo los beneficios imputables al establecimiento permanente y gravando unos beneficios que ya han tributado en el otro Estado. En tales circunstancias, el artículo 25 permite a las***

autoridades competentes de los Estados contratantes abordar mediante consultas la forma de eliminar la doble imposición; las autoridades competentes pueden, en consecuencia, emplear el procedimiento amistoso, si es necesario, para determinar si el ajuste inicial reunía las condiciones del apartado 2 y, en caso afirmativo, decidir el importe apropiado del ajuste a realizar en los impuestos exigidos sobre los beneficios imputables al establecimiento permanente a fin de corregir la doble imposición.

Agregar el siguiente apartado 6.1 en los Comentarios al artículo 9:

6.1 La legislación interna de algunos países puede permitir que el contribuyente modifique, en determinadas circunstancias, una declaración de impuestos ya presentada para ajustar el precio de una operación vinculada entre empresas asociadas con el fin de reflejar un resultado conforme (en opinión del contribuyente) con el principio de plena competencia. Cuando los ajustes se realizan de buena fe, pueden facilitar la declaración por parte del contribuyente de rentas imponibles conforme al principio de plena competencia. Sin embargo, la doble imposición puede ocurrir cuando, por ejemplo, el ajuste iniciado por el contribuyente aumenta los beneficios de una empresa situada en un Estado contratante y no se realiza el ajuste correspondiente en los beneficios de la empresa asociada en el otro Estado. La eliminación de la doble imposición se encuentra dentro del ámbito de aplicación del apartado 2. De hecho, cuando el primer Estado mencionado grava este aumento de los beneficios, puede considerarse que está atribuyendo tales beneficios a la empresa situada en él y está gravando, por tanto, los beneficios por los que la empresa del otro Estado ya ha tributado. En tales circunstancias, el artículo 25 permite a las autoridades competentes de los Estados contratantes abordar mediante consultas la forma de eliminar la doble imposición; las autoridades competentes pueden, en consecuencia, emplear el procedimiento amistoso, si es necesario, para determinar si el ajuste inicial reunía las condiciones del apartado 1 y, en caso afirmativo, decidir el importe apropiado del ajuste a realizar en los impuestos exigidos en el otro Estado sobre dichos beneficios, a fin de corregir la doble imposición.

Sustituir el apartado 23 de los Comentarios al artículo 25 por lo siguiente:

23. Por lo que respecta a las auto-liquidaciones, es frecuente la existencia de alguna notificación que afecte a dicha declaración (por ejemplo una notificación de una deuda, o la denegación o el ajuste de una solicitud de devolución), y normalmente se considerará como fecha de inicio del plazo de tres años la de la notificación, en lugar del momento en que el contribuyente presenta su auto-liquidación. ***Cuando un contribuyente paga impuestos adicionales por la modificación de una declaración ya presentada en los casos de ajustes iniciados de buena fe por el contribuyente (tal y como se describe en el apartado 14 anterior), se considerará, por lo general, como fecha de inicio del plazo de tres años la fecha de la notificación de la inspección o la deuda que resulte de dicha modificación, en lugar de la fecha de pago del impuesto adicional.*** No obstante, pueden darse casos en los que no exista notificación de deuda u otra notificación. En ese caso se considerará como fecha de "notificación" aquella en la que se considere que el contribuyente, en circunstancias normales, habría tenido conocimiento de la imposición que de hecho no es conforme con el Convenio. Este momento podría ser, por ejemplo, aquel en que por primera vez se pone a disposición del contribuyente la información en la que se recoge la transferencia de fondos, por ejemplo, un extracto o saldo bancario. El plazo empezaría a transcurrir aún cuando el contribuyente no considerara en ese momento que la imposición es contraria al Convenio, dado que todo contribuyente que actúe con la prudencia debida debería haber sido capaz de observar en ese momento la inadecuación de la imposición respecto a lo dispuesto en el Convenio. En esos casos

será suficiente con la notificación del cargo por el concepto tributario en cuestión. No obstante, cuando únicamente mediante la combinación de la auto-liquidación con alguna otra circunstancia, un contribuyente que actúe con la debida prudencia pueda concluir que la imposición era contraria al Convenio (por ejemplo una sentencia judicial en la que se concluya que la imposición en un caso similar al del contribuyente era contraria a las disposiciones del Convenio), el plazo empieza a contarse únicamente cuando se materialice la última de estas circunstancias.

Sustituir el apartado 14 de los Comentarios al artículo 25 por lo siguiente:

14. Debe observarse que el procedimiento amistoso, a diferencia de los mecanismos de resolución de controversias previstos en el derecho interno, puede iniciarlo un contribuyente sin esperar a que la imposición que considere "no conforme al Convenio", le haya sido liquidada o notificada. Para que el contribuyente en cuestión pueda iniciar tal procedimiento, es preciso y suficiente con que determine que "las medidas tomadas por uno o por ambos Estados" entrañan una imposición que implica un riesgo no sólo posible, sino probable. Estas medidas alcanzan a todos los actos o decisiones de índole legislativa o reglamentaria, de carácter general o particular, que tengan como consecuencia directa y necesaria la exacción de un gravamen a cargo del recurrente contrario a las disposiciones del Convenio. Así, por ejemplo, si una modificación en la legislación fiscal de un Estado contratante implica para una persona que obtenga un determinado tipo de renta una imposición no conforme al Convenio, dicha persona podría iniciar un procedimiento amistoso desde el momento en que se modifique la ley en cuestión y ella obtenga dichas rentas o sea probable que las obtenga. Otros ejemplos comprenderían la presentación de una declaración en la modalidad auto-declarativa o la comprobación directa de la declaración de un contribuyente concreto en el curso de una inspección, en la medida en que cualquiera de estas circunstancias genere una probabilidad de imposición no conforme con el Convenio (por ej. cuando el método de auto-liquidación impuesto al contribuyente en virtud de la legislación interna de un Estado contratante genere una declaración tal que, en caso de constituir una propuesta de la propia Administración en el marco de un régimen distinto al de la modalidad auto-declarativa, pudiera originar una probabilidad de imposición no conforme con el Convenio, o cuando circunstancias tales como el criterio interpretativo publicado por el Estado contratante o su práctica inspectora generen una probabilidad importante de que la comprobación directa de una declaración concreta, como la del contribuyente, conduzca a una propuesta de declaración que entrañe una cierta probabilidad de imposición no conforme con el Convenio). Otro ejemplo podría constituirlo el caso de que la legislación sobre precios de transferencia aplicable en un Estado contratante exija al contribuyente, a fin de satisfacer el principio de plena competencia, declarar rentas imponibles en mayor cuantía a la que hubiera resultado de los precios reales que utiliza en sus operaciones con partes relacionadas, y existan dudas razonables sobre si la parte asociada del contribuyente podrá practicar el ajuste correlativo en el otro Estado contratante en caso de no instarse un procedimiento amistoso. ***También puede entenderse que dichas acciones incluyen aquellos ajustes iniciados de buena fe por el contribuyente, autorizados por el derecho interno de algunos países y que permiten al contribuyente, en determinadas circunstancias, modificar una declaración de impuestos ya presentada para ajustar el precio de una operación vinculada o corregir los beneficios atribuibles a un establecimiento permanente con el fin de reflejar un resultado conforme, en opinión del contribuyente, con el principio de plena competencia (véanse los apartados 6.1 de los Comentarios al artículo 9 y el apartado 59.1 de los Comentarios al artículo 7).*** Como se señala en la primera frase del apartado 1, el hecho de que las acciones de uno o de ambos Estados contratantes impliquen o puedan implicar una imposición no conforme

con el Convenio debe determinarse desde la perspectiva del contribuyente. Aún cuando la opinión de este sobre la certidumbre o probabilidad de la existencia de esa imposición debe ser razonable y fundarse en hechos demostrables, las autoridades fiscales no deben rechazar considerar la solicitud de inicio de un procedimiento instado en virtud del apartado 1 meramente por considerar que no se ha demostrado (por ejemplo atendiendo al criterio probatorio basado en la "consideración de la probabilidad" contenido en la legislación interna) que vaya a darse dicha imposición no conforme con el Convenio.

Práctica n.º 10: Las directrices PA publicadas por los países deberían incorporar directrices sobre la consideración de los intereses y las sanciones en el procedimiento amistoso.

56. Las cuestiones relacionadas con la consideración por la autoridad competente de los intereses y las sanciones en el marco del procedimiento amistoso son de gran importancia, en especial, teniendo en cuenta que los trabajos llevados a cabo en el proyecto BEPS pueden aumentar la presión sobre dicho procedimiento. Las directrices PA publicadas por los países deberían, por tanto, incluir directrices sobre la consideración de los intereses y las sanciones en el procedimiento amistoso.

57. Se contemplaá la posibilidad de que en la próxima actualización del Modelo de Convenio Tributario de la OCDE se incluyan cambios en los Comentarios al artículo 25, al objeto de abordar los problemas relacionados con la toma en consideración de los intereses y las sanciones en el procedimiento amistoso.

Práctica n.º 11: Las directrices PA publicadas por los países deberían aportar directrices sobre PA y acuerdos previos de valoración de precios de transferencia (APV) multilaterales.

58. En los últimos años, el ritmo acelerado de la globalización ha originado nuevos e importantes desafíos para los actuales mecanismos de resolución de controversias sobre convenios fiscales. A pesar de que el procedimiento amistoso previsto en el artículo 25 del Modelo de Convenio Tributario de la OCDE se ha venido centrando tradicionalmente en la resolución de controversias bilaterales, algunos fenómenos como la adopción de modelos de negocio regionales y mundiales y la integración acelerada de las economías y los mercados nacionales, han puesto de relieve la necesidad de contar con mecanismos eficaces para resolver controversias fiscales que afectan a más de una jurisdicción. Los países deberían, en consecuencia, elaborar e incluir en sus directrices publicadas sobre PA y sobre programas de acuerdos previos de valoración de precios de transferencia las oportunas directrices sobre PA y APV multilaterales.

59. Se contempla la posibilidad de que en la próxima actualización del Modelo de Convenio Tributario de la OCDE se incluyan cambios en los Comentarios al artículo 25, al objeto de tratar el problema de los PA y APV multilaterales.

C. Marco para el desarrollo de un mecanismo de supervisión

60. Como ya se ha señalado, las conclusiones de los trabajos llevados a cabo en la Acción 14 del Plan de Acción BEPS, reflejan un consenso en torno a que la aplicación del estándar mínimo debería ser evaluado a través de un mecanismo de supervisión entre pares, a fin de garantizar que los compromisos que recoge dicho estándar se cumplen de forma efectiva. El mecanismo de supervisión tendrá las siguientes características generales:

1. Todos los países pertenecientes a la OCDE y al G20, así como aquellas jurisdicciones que se han comprometido con el estándar mínimo descrito en la sección I.A del presente Informe, se someterán a un proceso de control que supervise la aplicación de

dicho estándar. Mediante este proceso se evaluará el marco jurídico que proporcionan los convenios fiscales y el derecho interno, las directrices del programa PA y la aplicación en la práctica del estándar mínimo en cada jurisdicción.

2. El principal resultado del proceso de supervisión entre pares será la elaboración de un informe. El informe identificará y describirá los puntos fuertes y las deficiencias que puedan existir, aportando recomendaciones sobre cómo corregir tales deficiencias en dicha jurisdicción.

3. Los documentos básicos del proceso de supervisión entre pares serán los *Criterios de Referencia* y el *Método de Evaluación.* Los *Criterios de Referencia* deben basarse en los elementos del estándar mínimo recogidos en la sección I.A de este Informe, desglosados en los aspectos concretos sobre los que evaluar los marcos jurídicos, las directrices del programa PA y la aplicación efectiva del estándar en cada jurisdicción. Los *Criterios de Referencia* proporcionarán un mapa de ruta claro para el proceso de supervisión y, en consecuencia, garantizarán que la evaluación de las jurisdicciones se realiza de una forma coherente y completa. El *Método de Evaluación* elaborado por el Foro MAP FTA establecerá unas directrices y unos procedimientos detallados para llevar a cabo la supervisión entre pares de los países miembros de la OCDE, del G20 y de aquellas otras jurisdicciones acogidas a dicho proceso (véase el elemento 1.6 del estándar mínimo), e incluirá un sistema para evaluar la aplicación del estándar mínimo.

4. Tanto los *Criterios de Referencia* como el *Método de Evaluación* serán elaborados conjuntamente por el Grupo de Trabajo n.º 1 y el Foro FTA MAP a finales del primer trimestre de 2016.

5. El proceso de seguimiento entre pares llevado a cabo por el Foro MAP FTA (informando al G20 a través del Comité de Asuntos Fiscales de la OCDE), se iniciará en 2016 con el objetivo de publicar los primeros informes a finales de 2017.

61. El Anexo a este informe contiene el mandato para la elaboración de los *Criterios de Referencia* y el *Método de Evaluación.*

Notas

1. Además de todos los países pertenecientes a la OCDE y al G20, Colombia, Hong Kong, China, Malasia y Singapur son países o jurisdicciones que participan en el FTA.
2. Véase www.oecd.org/site/ctpfta/map-strategic-plan.pdf.
3. Véase el apartado 31 de la Introducción al Modelo de Convenio Tributario de la OCDE.
4. Véase el apartado 5 de la Introducción a la posición de las economías que no pertenecen a la OCDE sobre el Modelo de Convenio Tributario de la OCDE.
5. El elemento 2.6 del estándar mínimo no aborda la cuestión de las cláusulas de salvaguarda (*safe harbour*) relativas a los precios de transferencia previstas en el derecho interno de un país, no pudiendo inferirse nada al respecto de dichas cláusulas de salvaguarda.
6. Disponible en: www.oecd.org/site/ctpfta/map-strategic-plan.pdf.

II. Compromiso con el arbitraje preceptivo y vinculante

62. La comunidad empresarial y una serie de países consideran que el arbitraje preceptivo y vinculante es la mejor forma de garantizar que las controversias sobre convenios fiscales se resuelven de forma efectiva a través del PA. A pesar de que no existe un consenso entre los países de la OCDE y del G20 en cuanto a la adopción del arbitraje preceptivo y vinculante como mecanismo para garantizar la resolución de los casos PA, un grupo de países se ha comprometido a adoptar y aplicar este tipo de arbitraje como medio para solucionar las controversias que, de otro modo, impedirían la resolución de los casos mediante el procedimiento amistoso. Los países que han mostrado su interés en adoptar dicho procedimiento son Australia, Austria, Bélgica, Canadá, Francia, Alemania, Irlanda, Italia, Japón, Luxemburgo, los Países Bajos, Nueva Zelanda, Noruega, Polonia, Eslovenia, España, Suecia, Suiza, el Reino Unido y los Estados Unidos; esto representa un gran paso adelante, en la medida en que todos estos países juntos representan más del 90% de los casos pendientes de trámite a finales de 2013, según las estadísticas de la OCDE.[1]

63. Como parte de la negociación del instrumento multilateral previsto en la Acción 15 del Plan de Acción BEPS, se redactará una cláusula de arbitraje preceptivo y vinculante. Se pedirá a los países de este grupo que tengan en cuenta, en concreto, la forma de conciliar sus diferentes puntos de vista sobre el alcance de la cláusula de arbitraje PA. Mientras que algunos de los países incluidos en este grupo preferirían que no existiera un límite a los casos que pudieran resolverse mediante el arbitraje PA, otros prefieren que este arbitraje se limite a un conjunto definido adecuadamente de casos PA. Los trabajos del grupo formado por los países comprometidos con la cláusula de arbitraje se nutrirán de los trabajos anteriormente realizados por el Grupo Temático sobre Resolución de Controversias en relación con los problemas que han impedido la adopción del arbitraje PA y las opciones para resolverlos.

Nota

1. Véase www.oecd.org/ctp/dispute/map-statistics-2013.htm.

Anexo A

Mandato para la elaboración de los *Criterios de Referencia* y del *Método de Evaluación*

De conformidad con lo previsto en el elemento 1.6 del estándar mínimo de la Acción 14, los países se comprometen a que su cumplimiento del estándar sea revisado por sus pares, es decir, por los demás miembros del Foro MAP FTA (tal y como recoge el elemento 1.4 del estándar mínimo, los países deberían participar en el Foro MAP FTA y tomar parte activa en sus trabajos). La revisión se llevará a cabo a través de un mecanismo de supervisión cuyo marco de trabajo se describe en la sección I.C de este Informe. Esta supervisión resulta esencial para garantizar la aplicación efectiva del estándar mínimo, y se llevará a cabo de conformidad con los *Criterios de Referencia* y el *Método de Evaluación* que serán elaborados por el Comité de Asuntos Fiscales de la OCDE a través de su grupo de trabajo n.º 1 sobre Convenios fiscales y cuestiones relacionadas (el Grupo de Trabajo 1) y el Foro sobre Administración Tributaria MAP (el Foro FTA MAP). A continuación se describe el mandato para la elaboración de los *Criterios de Referencia* y el *Método de Evaluación*:

Preámbulo

Dado que las conclusiones de los trabajos llevados a cabo en la Acción 14 del Plan de Acción BEPS recogen el consenso de que los países deberían comprometerse a adoptar un estándar mínimo que comprenda una serie de elementos concretos destinados a garantizar que las controversias sobre convenios fiscales se resuelven de una forma oportuna, eficaz y eficiente;

Tomando nota de que las conclusiones de los trabajos llevados a cabo en la Acción 14 también incluyen el acuerdo respecto a que la aplicación del estándar mínimo debería ser evaluada a través de un mecanismo de supervisión entre pares a fin de garantizar que los compromisos que recoge dicho estándar se cumplen de forma efectiva, y que todos los países pertenecientes a la OCDE y al G20, así como aquellas jurisdicciones que se han comprometido a aplicarlo, se someterán a un proceso de control mediante dicho mecanismo;

Teniendo en cuenta que el proceso de supervisión entre pares requerirá la elaboración de unos *Criterios de Referencia* para evaluar la aplicación del estándar mínimo de la Acción 14, y de un *Método de Evaluación* que establezca los procedimientos y las directrices necesarias para llevar a cabo dicho proceso de supervisión entre pares;

Los países que participan en el Proyecto BEPS de la OCDE-G20 acuerdan que los *Criterios de Referencia* el *Método de Evaluación* sean elaborados por el Comité de Asuntos Fiscales de la OCDE, a través de su grupo de trabajo n.º 1 sobre Convenios fiscales y cuestiones relacionadas, y el Foro sobre Administración Tributaria MAP (el Foro FTA MAP) al amparo del siguiente mandato.

A. Objetivos

El Comité de Asuntos Fiscales de la OCDE, a través de su grupo de trabajo n.º 1 sobre Convenios fiscales y cuestiones relacionadas, y el Foro sobre Administración Tributaria MAP (el Foro FTA MAP) redactarán los documentos básicos para supervisar la aplicación del estándar mínimo previsto en la Acción 14: los *Criterios de Referencia* y el *Método de Evaluación.* Los *Criterios de Referencia* deben basarse en los elementos del estándar mínimo, desglosados en aspectos concretos sobre los que evaluar los marcos jurídicos, las directrices del programa PA y la aplicación efectiva del estándar en cada jurisdicción; dichos Criterios proporcionarán un mapa de ruta claro para el proceso de supervisión y, en consecuencia, garantizarán que la evaluación de las jurisdicciones se realiza de una forma coherente y completa. El *Método de Evaluación* redactado por el Foro FTA MAP, establecerá unas directrices y unos procedimientos detallados para llevar a cabo la supervisión entre pares de los países miembros de la OCDE, del G20 y de aquellas otras jurisdicciones acogidas a dicho proceso, estará disponible para todos los países participantes en igualdad de condiciones e incluirá un sistema para evaluar la aplicación del estándar mínimo.

B. Participación

Los *Criterios de Referencia* y el *Método de Evaluación* serán redactados conjuntamente por el Comité de Asuntos Fiscales de la OCDE, a través de su Grupo de Trabajo 1 sobre Convenios fiscales y cuestiones relacionadas, y el Foro MAP FTA, estando disponible para todos los países participantes en igualdad de condiciones.

C. Duración y plazo

La redacción de los *Criterios de Referencia* y del *Método de Evaluación* comenzará, como muy tarde, en noviembre de 2015. El Grupo de Trabajo 1 y el Foro FTA MAP esperan concluir la redacción de los *Criterios de Referencia* y del *Método de Evaluación* a finales del primer trimestre de 2016.

Referencias

OCDE (2014), *Model Tax Convention on Income and on Capital: Condensed Version 2014*, OCDE Publishing, París, http://dx.doi.org/10.1787/mtc_cond-2014-en.

OCDE (2013), *Plan de acción contra la erosión de la base imponible y el traslado de beneficios*, OCDE Publishing, París, http://dx.doi.org/10.1787/9789264207813-es.

ORGANIZACIÓN DE COOPERACIÓN Y DE DESARROLLO ECONÓMICOS (OCDE)

La OCDE constituye un foro único en su género, donde los gobiernos trabajan conjuntamente para afrontar los retos económicos, sociales y medioambientales que plantea la globalización. La OCDE está a la vanguardia de los esfuerzos emprendidos para ayudar a los gobiernos a entender y responder a los cambios preocupaciones del mundo actual, como el gobierno corporativo, la economía de la información y los retos que genera el envejecimiento de la población. La Organización ofrece a los gobiernos un marco en el que pueden comparar sus experiencias políticas, buscar respuestas a problemas comunes, identificar buenas prácticas y trabajar en la coordinación de políticas nacionales e internacionales.

Los países miembros de la OCDE son: Alemania, Australia, Austria, Bélgica, Canadá, Chile, Corea, Dinamarca, Eslovenia, España, Estados Unidos de América, Estonia, Finlandia, Francia, Grecia, Hungría, Irlanda, Islandia, Israel, Italia, Japón, Luxemburgo, México, Noruega, Nueva Zelanda, Países Bajos, Polonia, Portugal, Reino Unido, República Checa, República Eslovaca, Suecia, Suiza y Turquía. La Comisión Europea participa en el trabajo de la OCDE.

Las publicaciones de la OCDE aseguran una amplia difusión de los trabajos de la Organización. Éstos incluyen los resultados de la compilación de estadísticas, los trabajos de investigación sobre temas económicos, sociales y medioambientales, así como las convenciones, directrices y los modelos desarrollados por los países miembros.

OECD PUBLISHING, 2, rue André-Pascal, 75775 PARIS CEDEX 16
(23 2015 39 4 P) ISBN 978-92-64-25825-9 – 2016

www.ingramcontent.com/pod-product-compliance
Lightning Source LLC
LaVergne TN
LVHW081424110826
845149LV00010B/1861